Basel, das Haupt der Schweiz
und das Tor zu Europa

PIRMIN A. BREIG

Basel, das Haupt der Schweiz und das Tor zu Europa

Warum Basel der Schweiz
eine andere Bedeutung geben könnte

Über den Autor

Pirmin A. Breig wurde 1968 in Basel geboren. Er studierte zuerst Medizin,
dann Kunstgeschichte, Geschichte und Philosophie. Anschliessend Malerei.
Er liebt die Schweiz – und bezeichnet sich als überzeugten Europäer.

Bibliografische Information der Deutschen Nationalbibliothek
Die Deutsche Nationalbibliothek verzeichnet diese Publikation
in der Deutschen Nationalbibliografie;
detaillierte bibliografische Daten sind im Internet
über http://dnb.dnb.de abrufbar.

Satz, Umschlaggestaltung, Herstellung und Verlag:
BoD – Books on Demand

ISBN 978-3-7448-7031-3

Inhalt

Vorwort

Es gibt mehrere Gründe, weshalb ich diese Schrift geschrieben habe. Der Hauptgrund jedoch und damit der eigentliche Auslöser dafür sind zwei konkrete Begebenheiten, die auf sehr seltsame Weise das Verhältnis zwischen Basel und der Schweiz beschreiben. Sie führten mich dazu, generell über Basel und die Schweiz mal nachzudenken. Mit dem Resultat, durchaus Erklärungen für ein solch seltsames Verhältnis zwischen Basel und der Schweiz gefunden zu haben. Aber auch erkannt zu haben, welche Bedeutung und Aufgabe Basel für die Schweiz haben könnte oder haben müsste, wenn es nicht in seinem Sein behindert würde.

Eine dieser beiden Begebenheiten hat mit dem geplanten neuen nationalen Containerterminal zu tun. Dieser wäre fast in Zürich gebaut worden, wenn sich Basel, das bis anhin aufgrund seiner Rheinhäfen, samt den dort angesiedelten Logistikfirmen, aber auch aufgrund seiner geographischen und generell verkehrsgünstigen Lage im Norden der Schweiz schon immer ein solches Verteilzentrum für die Schweiz war, nicht vehement dagegen zur Wehr setzte und so dieses für sich retten konnte – trotz vielen Versuchen, es immer wieder zum Scheitern zu bringen, um es nach Zürich zu lotsen, beispielsweise mittels Studien, die die Wirtschaftlichkeit eines solchen Projektes in Basel grundlegend bezweifelten. Auch die Bundesbehörden agierten im Vorfeld gegen Basel, indem sie »hinter dem Rücken« von Basel, also ohne dass das offizielle Basel davon wusste, mit dem deutschen Weil am Rhein verhandelten, um dort möglicherweise, so ist anzunehmen, ein kleineres Projekt aufzugleisen – ausserhalb des eigenen Landes, wo es für Basel keine Steuern gibt.

Die andere dieser beiden Begebenheiten, die mich sehr irritierte, betrifft den Basler Flughafen, den Euroairport, der einer der drei Landesflughäfen der Schweiz ist und zurzeit wirtschaftlich floriert, aber – aus räumlichen Gründen – sich auf französischem Geviert befindet. Als Frankreich versuchte, ihn zu einem allein französischen Flughafen zu machen, weil es als klammes Land auf die lukrativen Steuereinnahmen schielte, bemühte sich vorerst auch hier die dafür zuständige Bundesrätin nicht wirklich darum, sich in Paris für die Basler und somit auch Schweizer Interessen einzusetzen. Zumindest erscheint es so aus Distanz. Im Gegenteil, man hatte oftmals den Eindruck, dass es ihr eigentlich gelegen käme, wenn Basel seinen Flughafen verlöre, zumal sie zur gleichen Zeit gemeinsam mit Zürich daran zu arbeiten begann, den ehemaligen Militärflughafen Dübendorf bei Zürich für die zivile Luftfahrt zu öffnen. Der Schweizer Flugverkehr, der über den Basler Flughafen abgewickelt wird, hätte wohl, im Sinne der Bundesrätin und ganz im Interesse von Zürich, das sich schon immer einen zweiten Flughafen wünschte, nach Dübendorf verschoben werden sollen. So versteht man im Nachhinein vielleicht auch, weshalb sie auf die Frage, ob man sich nicht für den Basler Flughafen einsetzen müsse, lediglich meinte, es sei noch lange nicht fünf vor zwölf. Dabei war es für Basel und seine Wirtschaft bereits mehrere Minuten nach zwölf. Unter diesem Aspekt scheint auch sehr eigenartig, dass die (in Basel ansässige!) SWISS, die zur Lufthansa gehört, ihren Flugverkehr ab Basel exakt zu diesem Zeitpunkt aufgab und ganz nach Zürich verlegte. Erst als sich auch hier Basel, übrigens gemeinsam mit dem Elsass, das sich ebenso um seine Arbeitsplätze sorgte, und dann in besonderer Weise der welsche Bundesrat Didier Burkhalter, der sich deswegen mehrmals persönlich mit dem französischen Staatspräsidenten Hollande traf, aktiv für den Flughafen einsetzten, konnte dieser definitiv für Basel gerettet werden: mit einem neuen Steuerabkommen zwischen der Schweiz und Frankreich, wofür auch die EU eingeschaltet werden musste.

Das Verhältnis zwischen der Schweiz und Basel ist oftmals also sehr eigenartig und hinterlässt, wenn man sich diese zwei Beispiele zu Gemüte führt, viele Fragen. Es hat sogar, so könnte man sagen, System, wenn man alle anderen Begebenheiten in diese Richtung mit dazuzählt (wie zum Beispiel den Ausbau der Bahninfrastruktur, für den der Bund in Basel nur sehr wenig ausgeben will, während er in Zürich Milliarden investiert, oder die alleinige Konzentration des Deutschschweizer Fernsehens auf Zürich). Denn es scheint für die Schweiz (aber mittlerweile oftmals auch für Basel selbst) selbstverständlich geworden, dass man Basel übergeht, in seiner wirklichen, eigenen Bedeutung nicht aufkommen lässt, um damit umso mehr Zürich zu begünstigen. Nur ein entsprechendes Bewusstsein, ein anderes Denken, könnte dies ändern.

Die Schrift ist so aufgebaut, dass ich zuerst allgemein auf Basel eingehe, um mich sodann dem eigentlichen Thema zu nähern. Je besser man Basel versteht, desto mehr versteht man auch dessen wirkliche (mögliche) Bedeutung. Dass dabei eine gewisse Sympathie für Basel mitschwingt, ist selbstverständlich – und verzeihbar. Den Grund hierfür erläutere ich gleich zu Beginn.

Pirmin A. Breig
Basel, im August 2017

Über Basel im Allgemeinen und im Speziellen

Jeder Mensch hat eine Stadt, vielleicht auch eine Gegend, eine Landschaft, in der er sich wohlfühlt, wo er zuhause ist – ganz frei nach Goethe: »Hier bin ich Mensch, hier darf ich's sein!« Und jede Stadt, jede Gegend, jede Landschaft ist oder wird Ausdruck eines Schönen, Einzigartigen, wenn man ihre Bedeutung erkennt. Diese Bedeutung kann vielfältiger Natur sein. Zum Beispiel geschichtlicher. Oder wirtschaftlicher, kultureller. Aber auch geographischer. Man muss diese Bedeutung wahrnehmen, erkunden. Und dann auch ernstnehmen.

Die Stadt, in der ich mich wohlfühle und wo ich zuhause bin, ist Basel. Es ist dies – zufälligerweise – die Stadt, in der ich auch geboren bin. Zufälligerweise deshalb, weil ich mich geradesogut auch für eine andere Stadt begeistern könnte. Zum Beispiel für Strassburg. Oder für Hamburg. In Strassburg habe ich schon viele Male das Münster besucht oder auch Freunde getroffen und in Hamburg sogar eine Künstlergruppe mitbegründet. Zudem hat Hamburg mit der Elbe wie Basel mit dem Rhein eine Verbindung zum Meer. Auch liegen Hamburg und Basel, auch wenn sie sich als Städte in ihrer Grösse voneinander unterscheiden, jeweils im Norden ihres Landes. Damit will ich sagen: Es kommt nicht darauf an, wo man geboren ist, um eine Stadt, eine Gegend, eine Landschaft wertzuschätzen und auch in sein Herz zu schliessen, sondern einzig und allein darauf, wo man sich wohl- und verbunden fühlt, also zuhause ist.

»Die Schöne am Rhein«

Im Gegensatz zu vielen anderen Städten ist Basel, »die Schöne am Rhein«, wie sie jüngst das Schweizer Magazin *Bilanz* bezeichnet hat[1], eine alte Stadt. Sie ist aber gleichzeitig auch eine moderne Stadt und vor allem eine, die das Alte mit dem Modernen verbindet. Und eine Stadt, die Grenzen überwindet.

Beispielsweise Grenzen im Bereich der Forschung. Oder im Bereich der Kunst und Kultur. Oder im Bereich des Öffentlichen Verkehrs. Busse oder S-Bahnen, ja selbst Strassenbahnen, in Basel liebevoll »Drämmli« genannt, fahren nicht nur innerhalb des eigenen Stadtgebiets, sondern auch in die benachbarten Kantone und nach Deutschland und Frankreich.[2] Auch der Basler Flughafen liegt auf französischem Gebiet, so wie sich ein deutscher und ein französischer Bahnhof in Basel befinden.

Auch im Bereich des Städtebaus überwindet Basel immer wieder Grenzen. Zumindest wenn man Basels Städtebau gerade heute wieder – natürlich auch in Bezug auf Schweizer Verhältnisse – studiert. Der Hochhaus-Cluster von Roche, der sich im Wettstein-Quartier entwickelt, überragt die bis anhin hohen oder höheren Gebäude im Quartier, aber auch gesamthaft in der Stadt, in der Schweiz, um einiges. Er bildet aber einen harmonischen, gar künstlerisch interessanten Kontrast zur zentralen mittelalterlichen Altstadt mit Münster. Dasselbe beim »Wissens-Campus« der Novartis im St.-Johann-Quartier: Auch dieser offenbart mit seinen von verschiedensten Stararchitekten entworfenen Gebäuden ein in diesem Sinne, gerade auch in der Schweiz, noch nicht Dagewesenes, Aussergewöhnliches, Spektakuläres. Vom Campus geht zudem ein Rheinuferweg, den man anstelle eines Hafens erstellte, zur Dreiländerbrücke in Frankreich, die über den Rhein nach Deutschland führt.

---

1   »Warum Basel das bessere Zürich ist«, Bilanz vom 30.05.2017.

2   Wie schon vor dem Krieg besitzt Basel wieder Strassenbahn- beziehungsweise Tram-Linien ins Ausland. Die Verlängerung der Linie Nr. 8 ins deutsche Weil am Rhein wurde im Dezember 2014 eröffnet. Die Linie Nr. 3 ins französische Saint-Louis soll im Dezember 2017 eröffnet werden.

Auch die Entwicklungen rund um den Messeplatz oder den Bahnhof SBB, der in Bälde mit einem sogenannten »Herzstück« unterirdisch mit dem Badischen Bahnhof verbunden und zum Teil, wie der Messeplatz, mit weiteren hohen Gebäuden ergänzt werden wird, weisen in dieselbe Richtung.

Modernes Bauen ist für eine alte Stadt wie Basel notwendig. Auch ein mutiges, grosszügiges, ja oftmals eben in die Höhe strebendes. Um nicht irgendwann allein im Vergangenen, Alten, aber auch Engen, Dichtgedrängten einer mittelalterlichen Stadt stehenzubleiben oder sogar zu ersticken – und dadurch, auch allgemein gesehen, den Anschluss an die Gegenwart zu verlieren.

Basels Entwicklung tut gut – und wird dennoch kritisiert

Basels Entwicklung, so wie sie jetzt beobachtet werden kann, tut deshalb gut. Sie ist Ausdruck eines Aufbruchs, der in dieser Weise schon lange nicht mehr stattgefunden hat. Dennoch wird er, man kann es fast nicht verstehen, kritisiert. Denn er stellt eine bis anhin typische baslerische Eigenheit infrage: jene der – zumindest nach aussen hin gezeigten – »Anspruchslosigkeit« oder »Bescheidenheit«. Man will nicht »protzen« oder »prahlen« oder »gross« sein, auch wenn man könnte (oder mal sollte!), sondern lieber »unauffällig«, »bescheiden« und »klein«. Weil man selbst, und auch die Welt, ja weiss, wer man ist. Nämlich reich, bedeutend und selbstbewusst – und, was die eigene Stadt betrifft, eben auch schön. Man hat es nicht nötig, in »grossspuriger« Weise aufzutreten, um auf sich aufmerksam zu machen, auch weil man kultiviert und gebildet ist. Denn nur wer nicht weiss, wer er ist, oder sich tatsächlich als klein und unbedeutend, gar als unkultiviert erweist, muss »prahlen«, »angeben«, sich »gross und wichtig machen«, übertreiben. Damit er gehört wird – und dadurch seine eigene Minderwertigkeit, die ihn so sehr quält, übertönt.

Die Basler Tugend ist lobenswert

Selbstverständlich ist diese Basler Tugend der »Bescheidenheit« sehr lobenswert und ehrenvoll. Sie hat aber leider auch fatale Folgen. Zumindest in heutiger Zeit, in der Menschen und Gegebenheiten, aber auch Städte oftmals nur nach rein äusseren Kriterien beurteilt werden. Nämlich jene Folgen, dass man tatsächlich auf einmal von der Aussenwelt oder sogar von der Konkurrenz nicht mehr gross und bedeutend, sondern nur noch klein und unbedeutend wahrgenommen und auch entsprechend behandelt, ja sogar politisch und wirtschaftlich abgehängt wird.

So wie das mit Basel seit Ende des 19. und Anfang des 20. Jahrhunderts geschehen ist, als plötzlich das bis anhin noch viel kleinere und unbedeutendere Zürich anfing, das Sagen zu übernehmen. Und alles daran setzte, warum auch immer, gleich wie Basel oder noch besser oder bedeutender als Basel zu werden.[3] Indem es sich selbst bewusst grossmachte, quasi per Definition zur »Nummer eins« erklärte, wirtschaftlich, mit Eingemeindungen oder politisch, aber auch verbal, mittels Kommunikation, und Basel klein – und alle Macht an sich riss. Wirtschaftliche Macht, mediale Macht, aber auch die Macht, mittels Allianzen und Verhandlungsgeschick Bundesbern dazu zu bewegen, sich allein auf Zürich zu konzentrieren. Sodass deshalb Gelder, wie für den Ausbau der Bahn-Verkehrsinfrastruktur – es gibt keine Stadt in der Schweiz, die eine bessere Bahn-Infrastruktur kennt als Zürich, und auch keine, die eine schlechtere kennt als Basel – nach Zürich flossen, dieses gar damit »vergoldeten«. Auch wurde der interkontinentale

---

3   Aus diesem Grund wohl ist auch vieles, was heute sowohl in Zürich als auch in Basel existiert, zuerst in Basel entstanden oder begründet worden. Beispielsweise der Banken- und Finanzplatz in seiner Grösse und Bedeutung (heute von Zürich gänzlich überholt und hauptsächlich nach Zürich verschoben), die Universität (während Basels Universität bereits im 15. Jahrhundert gegründet wurde, besteht die Zürcher Universität erst seit dem 19. Jahrhundert), die erste Bahnverbindung in der Schweiz oder in die Schweiz (auf die Bahnlinie von Strassburg nach Basel 1846 erfolgte die sogenannte Spanisch-Brötli-Bahn 1847 von Baden nach Zürich) und selbst der Zoo (der Zoo Basel wurde 1874 eröffnet, der Zoo Zürich 1929).

Flughafen in Zürich (und nicht etwa in Bern, der Bundeshauptstadt) gebaut, und auch die Eidgenössische Technische Hochschule oder das Schweizer Fernsehen, auch wenn es in Basel seinen Anfang nahm und auch in Basel ursprünglich hätte entstehen sollen, wurden in Zürich angesiedelt.

Denn Zürich zeigte und zeigt auch heute noch geradezu das umgekehrte Verhalten als Basel: Während sich Basel oftmals bescheiden gibt oder gab, so offenbart oder offenbarte sich Zürich dagegen völlig ungeniert meist unbescheiden und fordernd, sodass es dann auch erhielt, was es forderte. Und zwar so, so hat man den Eindruck, dass auch nur es selbst profitierte. Wohl auch deshalb meint es heute oftmals noch, für die gesamte Schweiz die alleinbestimmende und wichtigste Stadt zu sein.[4]

Basel und seine Kritiker

Wenn Basel in seiner Entwicklung, wie sie heute stattfindet, also kritisiert wird, dann meist von Menschen, die sich nach dem »alten«, »bescheidenen« Basel zurücksehnen und deshalb noch nicht begriffen haben, wie und weshalb sie damit – eigentlich – ihrer eigenen Stadt selbst schaden. Indem und

---

4   Eine der für den Aufstieg Zürichs massgeblichen Figuren war zweifellos Alfred Escher. Der Politiker und Wirtschaftsführer gründete 1856 in Zürich die Schweizerische Kreditanstalt, mit der er grosse Mengen an Kapital mobilisieren und so den Basler Bankenplatz, der sich bisher nur der Vermögensverwaltung und kleineren Kreditgeschäften widmete, überflügeln konnte. Mit dem Geld seiner Bank, das ihm Macht und Möglichkeiten verlieh, und mit entsprechenden Allianzen, die er, vorab in Bern, zu schmieden fähig war, erreichte er, dass auch der Eisenbahnbau in der Schweiz letztlich ganz auf die Ost-West-Achse und auf Zürich (mit Anschluss nach Mailand mit der Gotthardbahn) fokussiert und so Basel, das als erste Stadt der Schweiz mit einer Bahnlinie, nämlich mit der Bahnlinie nach Strassburg, verbunden war, immer mehr an den Rand gedrängt wurde. Aufgrund seiner Wirkungsweise und Gestaltungskraft wird Alfred Escher, vorab von Zürcher Journalisten und Historikern, gerne schlechthin als »Erbauer der modernen Schweiz« bezeichnet. Die »moderne Schweiz« ist die Schweiz, in der letztlich Basel in vielen Belangen seine tragende Rolle von einst, zugunsten Zürichs, verloren hat.

weil sie nicht in der heutigen Zeit ankommen wollen, die Realitäten, wie sie heute sind, nicht wirklich sehen und deshalb wohl auch nicht akzeptieren.

Selbst ein ehemaliger Basler Kantonsbaumeister, der wie kein anderer als Vertreter eines noch »alten« Basels angesehen werden kann[5], meinte, Basels Entwicklung kritisieren zu müssen.

So kritisierte er beispielsweise den im September 2015 eröffneten (ersten) Roche-Turm[6], der von Herzog & de Meuron, zwei Söhnen der Stadt, erschaffen wurde, als viel zu hoch und zu monumental. Und als Ausdruck der Arroganz. Auch weil er von einem Wirtschaftsunternehmen und nicht, wie bei herausragenden Gebäuden angeblich sonst üblich, von der »Stadt« respektive ihren Bürgern gebaut worden sei. Zudem wünschte er sich in der Gestalt der Stadt generell mehr Sinnlichkeit, mehr Emotionalität und – mehr Spiritualität.[7] Als ob der Roche-Turm nicht sinnlich oder emotional genug wäre! Auch dass er nicht »spirituell« ist, ist wohl ein Segen. Nicht nur, weil es sich beim Roche-Turm gar nicht um ein sakrales, sondern um ein profanes Gebäude handelt, sondern vor allem auch, weil Kirche und Staat, zumindest hier in Europa, immer noch, und dies zum guten Glück, getrennt sind. Oder warum sollte der Mensch mittels Architektur, sogar wenn es sich dabei um ein profanes Gebäude wie den Roche-Turm handelt (!), wieder ins Sakrale oder Spirituelle eines Mittelalters zurückgeführt werden? Zudem ist Spiritualität, wie der Glaube, Ansichtssache und deshalb auch eine rein persönliche Angelegenheit – und schon von daher also nicht (mehr) mit allen Menschen teilbar. Sachlichkeit und Nüchternheit, wie sie gerade Bauwerke von Herzog & de Meuron, zumindest hier in Basel, auszeichnen (und deshalb auch Faszination und Interesse beim Betrachter auslösen!), treten

---

5   Carl Fingerhuth, 1936 in Zürich geboren, wirkte von 1979 bis 1992 als Kantonsbaumeister des Kantons Basel-Stadt.

6   Dieser erste Roche-Turm des Pharmaunternehmens Hoffmann-La Roche wurde am 18. September 2016 eingeweiht. Er misst als höchstes Hochhaus der Schweiz 178 m und bildet den Anfang eines Hochhaus-Clusters, dessen grösster (jetzt in Bau befindliche) Turm 205 m hoch werden wird.

7   »Die Botschaft des Turms – Das Roche-Hochhaus zeugt von der Arroganz seiner Bauherren. Und vom Versagen der Politik, die der Ökonomie den Vortritt liess«, erschienen im Tages-Anzeiger vom 19.09.2015.

also zu Recht an deren Stelle. Zwei Qualitäten, die der eigenen denkerischen Kreativität, der eigenen vielfältigen Fantasie umso mehr, und mehr als genug, den nötigen Freiraum geben.

Das Wesentliche Basels

Wenn man Basel als Stadt versteht, die einerseits sehr schön ist oder zumindest als sehr schön erachtet werden kann – und hier soll dies ganz direkt ausgesprochen werden, denn Basel ist wirklich schön! –, und anderseits als Stadt, die sich im Aufbruch befindet, so hat man damit über Basel noch nichts Eigentliches oder Wesentliches erzählt. Denn Schönheit und Aufbruchstimmung besitzen auch andere Städte. Man denke hier, zumindest was die Schönheit betrifft, nur an Strassburg. Oder auch, wenn man das – für Schweizer Verhältnisse – Weite, Grosszügige einer städtischen Bauweise liebt, an Hamburg. Oder an Bern, wenn man auf Arkaden steht – obwohl auch Bern wie Strassburg, im Gegensatz vielleicht zu Hamburg, nicht unbedingt eine Stadt des Aufbruchs ist.

Was also ist das Wesentliche Basels, das wirklich Wesentliche, das Basel in seiner Bedeutung ausmacht?

Ist es sein keltischer oder römischer Ursprung?[8] Oder vielleicht der Umstand, dass Basel bei politischen Abstimmungen immer mehr gegen den Rest der Schweiz stimmt, also zum Beispiel eher für und nicht gegen Europa oder auch eher für und nicht gegen Ausländer – und deshalb wohl auch (immer noch) mit dem Slogan »Basel tickt anders«[9] gehandelt wird? Nein. Das Wesentliche Basels, also das wirklich Wesentliche, das Basel in

---

8   In der Mitte des 1. Jahrhunderts v. Chr. befand sich auf dem Münsterhügel eine keltische Siedlung. An deren Stelle wurde später ein römisches Kastell errichtet.

9   Die Redewendung »Basel tickt anders« stammt aus der Zeit des 14. und 15. Jahrhunderts, in der Basel tatsächlich eine eigene Zeitrechnung hatte. Die »Basler Zeit« oder »Basler Uhr« galt über 400 Jahre. Die Uhren gingen eine Stunde vor und zeigten beim höchsten Sonnenstand nicht 12 Uhr, sondern 1 Uhr. Auch befand sich auf den damaligen Basler Uhren die Ziffer 1 und nicht die Ziffer 12 in der Mitte oben beziehungsweise bei den Sonnenuhren unten. Ein Grund für die eigene Zeitrechnung wird damit angegeben, dass hiermit feindlichen Angriffen zuvorgekommen werden wollte.

seiner Bedeutung ausmacht, ist allein seine geographische, geographisch-
politische Lage. Das heisst:

1. *Es liegt im Norden der Schweiz.*
2. *Es liegt am Rhein, der von Osten kommend hier seine Richtung ändert
   und dann weiter nach Norden fliesst.*
3. *Es liegt im Kernpunkt von drei Ländern, von denen zwei EU-Mitglieder
   sind.*

Drei Kriterien, die letztlich alle miteinander zu tun haben – und gemeinsam
darin münden, Basel als Kopf oder eben als Haupt der Schweiz und als Tor
zu Europa zu verstehen.

Basel ist Haupt und Bern Hauptstadt

Selbstverständlich scheint es auf den ersten Blick unverständlich, wenn
man Basel als Haupt, ja gar als Haupt der Schweiz verstehen will. Denn, so
wird man argumentieren, wenn diese Bezeichnung einer Stadt zukommt,
dann sicher nicht Basel, sondern Bern. Bern und nicht Basel ist auch die
Hauptstadt der Schweiz, die *gewählte* Hauptstadt – auch wenn Zürich hiermit seine Mühe bekundet, da es sich auch heute noch selbst gerne als diese
Hauptstadt sähe. Wie oft schon musste man anhören, dass es als »grösste«
und »wichtigste« Stadt der Schweiz, ja als »Stadt Nummer eins«, besonders
dafür geeignet, prädestiniert wäre? Eine Auffassung, die nicht sehr bescheiden klingt. Aber auch nicht eigentlich, trotz allem, sehr logisch. Weil die
Frage der Hauptstadt wohl kaum allein aufgrund von »Grösse« oder »Wich-
tigkeit«, wie Zürich meint, beantwortet werden kann (und zudem schon
lange beantwortet ist!). Zudem hat in vielen Bereichen mittlerweile auch
Basel wieder die Nase vorn. Nicht nur in der Kunst und der Kultur, hier
sowieso, nein, zum Beispiel auch oder gerade in der Wirtschaft. Dort hat
Basel, wie man in Wirtschaftszeitungen lesen kann, Zürich in den letzten
zehn Jahren als Kraft sogar überholt. So ist beispielsweise der Marktwert
der an der Börse gehandelten Firmen in Basel nun mehr als doppelt so

gross wie jener in Zürich. »Die Wirtschaftslokomotive der Schweiz dampft nicht mehr in Zürich, sondern in Basel«, schrieb dazu das Magazin *Bilanz*. Das heisst: Auch Basel könnte deshalb den Anspruch hegen, Hauptstadt der Schweiz zu sein, und dies ebenfalls, der Auffassung Zürichs folgend, zu Recht, zumal ja Basel sich, wie wir später erfahren, auch als Haupt der Schweiz verstehen kann.

Zudem sollte man es in der Schweiz generell tunlichst unterlassen, den als föderative, demokratische Gemeinschaft geschaffenen Bundestaat in einen zentralistischen umzuwandeln, auf das eine Ernennung Zürichs als Hauptstadt der Schweiz wohl auch heute noch hinausliefe – auch wenn in vielen Bereichen ein solcher zentralistischer Bundesstaat mit Zürich als »Hauptstadt«, wie zum Beispiel beim Fernsehen oder bei den Bundesbahnen, faktisch manchmal bereits besteht. Denn wo Zentralismus herrscht, da herrschen sehr bald auch Ungerechtigkeit und Willkür. Was aber Zürich selbst wohl nicht wirklich bekümmerte, da es sich ja (immer noch) als »Nummer eins der Schweiz«, ja manchmal sogar als »Nummer eins der Welt« versteht. Selbst dass es als »Ausgleich«, nicht Hauptstadt der Schweiz sein zu dürfen, vom Bund mit einer Eidgenössischen Technischen Hochschule, der ETH, »getröstet« wurde (!) und sich damit nun europaweit tatsächlich, je nach Ranking, als Hochschulstandort Nummer eins positionieren kann[10], scheint es nicht wirklich zu befriedigen. Doch was sollte hierzu Basel sagen, das diesbezüglich, ebenso mit entsprechenden Qualitäten ausgestattet, noch nie

---

10 Am 16. Oktober 1855 nahm die »Eidgenössische polytechnische Schule« in Zürich ihren Betrieb auf. Sie ist als »Ausgleich« für den Verzicht, nicht Hauptstadt der Schweiz zu werden, nach Zürich vergeben worden. Für die Wahl am 28. November 1848 stand neben Zürich und Bern aber auch Luzern als ernsthafter Kandidat zur Diskussion. Dieses erhielt als »Ausgleich«, weil es nicht berücksichtigt wurde, das (weniger bedeutende) Eidgenössische Versicherungsgericht. Weitere Städte, die für ihren Verzicht, nicht Hauptstadt werden zu dürfen, mit einem »Ausgleich« versehen wurden, sind Lausanne (Schweizerisches Bundesgericht), Bellinzona (Bundesstrafgericht) und St. Gallen (Bundesverwaltungsgericht). Basel ging überall leer aus. Ähnlich ging es Basel mit dem Schweizerischen Landesmuseum, das ebenso in Zürich und nicht in Basel realisiert wurde, obwohl sich Basel mit einem konkreten Projekt dafür bewarb.

vom Bund beschenkt wurde, schon gar nicht im Sinne eines »Ausgleichs«, geschweige denn mit einer vollausgebauten Eidgenössischen Hochschule?[11]

Der Missmut, der da zwischen Zürich und Basel besteht und immer wieder mal aufbricht, ist also nicht nur dahingeredet, sondern durchaus reell und nachvollziehbar. Denn während sich Zürich daran stört, als »Nummer eins der Schweiz« nicht alles, vor allem auch nicht alles von Basel besitzen zu können – Basel scheint in vieler Hinsicht das grosse »Vorbild« für Zürich (gewesen) zu sein, aber lange Zeit auch dessen »Bedienungsladen«, wie zuletzt bei der in Konkurs gegangenen Swissair oder der angeschlagenen Schweizerischen Bankgesellschaft, die beide mit gesunden Firmen aus Basel, nämlich mit der Basler Crossair und dem Schweizerischen Bankverein, für Zürich »gerettet« werden konnten –, so hat Basel seine Mühe mit Zürich, dass es niemals hinten ansteht oder verzichtet. Denn Zürich ist, zumindest aus Sicht des Baslers, eine Stadt, die, fast in alter habsburgischer Manier, generell auf Befindlichkeiten anderer nicht eingeht und sich in allen Belangen ohne Empathie für andere zeigt.

---

11 Man kann sich zu Recht fragen, warum Basel nicht ebenso eine Eidgenössische Hochschule vom Bund geschenkt erhält. Der Bund könnte ihm beispielsweise heute eine für Geisteswissenschaften, vielleicht auch für Kunst und Architektur finanzieren.

Die philosophische Grundlage

Wenn wir Basel in Bezug auf seine geographische Lage in der Schweiz betrachten, so stellen wir fest, dass es ganz im Norden, also ganz »oben« liegt. »Oben« ist beim Menschen der Kopf – und somit der Ort des Denkens beziehungsweise als Konsequenz davon der Wirkungs- oder gar Ausdrucksort des Ichs, so wie dies auch der französische Philosoph René Descartes bereits im 17. Jahrhundert mit seinem Satz »Ich denke, also bin ich« formuliert hat. Weil das (selbstständige) Denken im unmittelbaren Zusammenhang mit dem menschlichen Ich steht. Denn ein Mensch, der nicht denken kann (oder nicht denken darf oder denken will), ist (oder wird) nicht bewusst und deshalb letztlich auch nicht »ich-haft«. So wie das beim Tier der Fall ist, dem man, weil es nicht (selbstständig) denken kann, auch wenn es eine Seele oder ein »Seelenähnliches« besitzt, kein individuelles Ich zuordnen kann. Das (selbstständige) Denken ist also eines jener Merkmale, die den Menschen vom Tier unterscheiden.

Somit versteht man, dass jede Bemühung, dem Menschen das (selbstständige) Denken wegzunehmen oder auszutreiben oder zu untersagen, einhergeht mit der Bemühung, den Menschen zu »ent-ichen«. Indem man ihn unselbstständig, unmündig, »selbst-los« und abhängig macht. Abhängig von einer ihm übergeordneten, meist autoritären Instanz (auch Führungs- oder sogar Führerinstanz) oder (Lehr-)Meinung, die ihm vorgibt, sei es als Doktrin, »Programm« oder »Glaube«, so wie man das von Religionen, aber auch von ideologischen Richtungen oder Diktaturen her kennt, was er zu denken, zu glauben, zu vertreten oder generell für richtig oder für falsch zu erkennen oder zu akzeptieren hat. Sein Denken wird dann ausgeschaltet, eliminiert und von einer (oder mehreren) dieser Instanzen oder (Lehr-)Meinung(en) übernommen. Mit der Gefahr oder Konsequenz, dass er plötzlich, wie vielleicht bereits die meisten Menschen um ihn, weil er sein individuelles Wesen verliert, nur noch »gruppenhaft«, »volksbetont« oder sogar – »völkisch« wird. Also »völkisch« oder »gruppenhaft« oder »volksbetont« deshalb und in dem Sinne, dass und *weil* er das eigene Individuelle zugunsten eines allein nur noch Gemeinsamen, Kollektiven (auch

»Sozialistischen«, »einseitig Sozialen«) aufgibt und mit einem ihm Übergeordneten, auch »Höheren«, ersetzt, sodass er auch nur noch Teil eines Ganzen und nicht mehr das Ganze selbst ist.

Man versteht also die Aufklärer wie Immanuel Kant, die den Menschen aufforderten zu denken, mutig zu sein, sich des eigenen Verstandes zu bedienen, um damit der eigenen, selbstverschuldeten Unmündigkeit zu entkommen. Nicht nur, um den Menschen damit generell von Obrigkeiten oder auch Glaubensdoktrinen zu befreien, sondern bestimmt auch, um ihn letztlich wirklich Mensch werden zu lassen. Denn es ist, salopp formuliert, das Tier im Menschen, das diesen immer wieder daran hindert, Mensch zu sein. Er muss es also überwinden.

Von der Waagrechten in die Senkrechte

Damit wird er auch von der Waagrechten in die Senkrechte geführt. Denn wer das Tier in sich überwindet, beispielsweise weil er anfängt, (selbstständig) zu denken, mündig zu sein, überwindet auch die Waagrechte in sich. Und die Waagrechte ist letztlich Ausdruck des »Schlafenden«, »Unbewussten« – also auch Ausdruck des Taus, des Kreuzes ohne Kopfteil.

Das Tau entspricht, im Gegensatz zum Kreuz, dem unmündigen, abhängigen und verklärten, auch manipulierbaren Menschen – und deshalb auch dem Tier. Also dem Tier, dem der Kopf und somit das (persönliche) Ich fehlt. Wer also das Tau ehrt, ehrt auch das Tier – oder eben den unmündigen, abhängigen und verklärten, manipulierbaren Menschen, den Menschen ohne Kopf, der letztlich, auch im übertragenen Sinne, auf allen Vieren geht.[12] Respektive denjenigen Menschen, der auch deswegen, auch

---

12 Auch Voltaire bemühte sich um den Menschen beziehungsweise darum, dass dieser Mensch werde. Aus diesem Grund wohl störte er sich auch daran, wenn jemand versuchte, den Menschen wieder zum Tier zu machen, so wie dies für ihn Rousseau tat, ein anderer Aufklärer zu seiner Zeit, mit seinem Buch Emile oder über die Erziehung, in dem dieser das Ziel der *Erziehung* als das der *Natur* selbst erklärte. Als Antwort darauf schrieb er ihm in einem Brief, und zwar sehr hämisch, verspottend: »Niemand hat es mit mehr Geist unternommen,

wenn dies vielleicht nun etwas eigentümlich tönt, mehr mit dem *Kehlkopf* in Zusammenhang steht. Denn der Kehlkopf ist, im Gegensatz zum tatsächlichen Kopf, der dem Kopf der Senkrechten oder dem Kreuz oder generell dem Kopf des Menschen, also des mündigen, (selbstständig) denkenden, aufgeklärten Menschen, entspricht, der Kopf der Waagrechten und somit der Kopf des unmündigen, verklärten, auch manipulierbaren Menschen und letztlich auch der Kopf des Tieres[13], also der Kopf des Taus. Zumindest gibt es Anschauungen, die dies so sehen und auch vertreten.[14] Auch in dieser Schrift soll diese Anschauung, nämlich als Standpunkt, so gelten und gesehen und somit vertreten werden.

---

uns zu Tieren zu machen, als Sie; das Lesen Ihres Buches erweckt in einem das Bedürfnis, auf allen Vieren herumzulaufen.«

13   Der Kopf des Tieres kann als ein zum Kopf hin verlängerter Kehlkopf verstanden werden, da das Tier Tau-Wesen ist und deshalb – in dem Sinne – gar keinen eigentlichen Kopf besitzen kann.

14   Dieselben Anschauungen sprechen übrigens davon, dass auch die Krone (oder die Mithra, wie sie der Bischof trägt) dem Kehlkopf entspräche, da sie dem Kopf aufsitzt wie der Kehlkopf dem Adamsapfel.

Die drei Kriterien Basels und die Schweiz

Basel ist aufgrund seiner Lage, ganz im Norden der Schweiz gelegen, ganz »oben« zu sein, also der »Kopf« der Schweiz, das Haupt – wenn man die Schweiz symbolisch und als Ganzes versteht und deshalb mit dem symbolischen Kreuz und so auch mit dem Menschen, dem das symbolische Kreuz entspricht, vergleicht.

Dass man die Schweiz mit dem symbolischen Kreuz und auch mit dem Menschen vergleichen kann oder vergleichen muss, zeigt sie selbst mit ihrem Wappen, das ein weisses Kreuz auf rotem Grund darstellt. Die Schweiz selbst nimmt also das Symbol in ihr Wappen auf, das in direktester Weise mit dem Menschen in Zusammenhang steht – obwohl sie in ihrer Form oder »Gestalt« auf der Landkarte, im Gegensatz beispielsweise zu Deutschland, aber ähnlich wie Österreich, eher doch selbst einem Tier (vielleicht einem Stachelschwein?) und weniger einem Menschen entspricht. Denn die Schweiz ist nicht nach der Senkrechten hin orientiert, also von Deutschland nach Italien, sondern mehr doch nur nach der Waagrechten (obwohl das Wappen selbst quadratisch ist!). Weil die Waagrechte aufgrund ihrer Form oder »Gestalt« viel stärker betont ist. Schon die Distanz, rein kilometermässig, zwischen Ost-West ist viel grösser als jene zwischen Nord-Süd.

In anderen Worten: Wenn die Schweiz ihre Orientierung nach der Senkrechten hin erhält, dann erst eigentlich durch Basel, das »oben« liegt, sich im Norden befindet und so auch den »Kopf« der Schweiz, das Haupt, im Sinne eines Kreuzes oder des Menschen, zum Ausdruck bringt. Es ist also Basel, das im 15. und 16. Jahrhundert ein überaus bedeutender Ort des Humanismus war, und das Tau der Schweiz, nämlich mit seinem Eintritt am 15. Juli 1501 als elfter Kanton in die Eidgenossenschaft, erst zu einem Kreuz der Schweiz macht.

Somit ist es auch Basel, das der Schweiz erst ihre eigentliche Bedeutung gibt – oder wieder geben würde oder geben könnte (oder sogar geben müsste?), wenn man es wirklich miteinbezieht. Nämlich die Bedeutung, ein menschliches, aber auch ein wirklich soziales, gerechtes und auch aufgeklärtes, offenes, tolerantes Land zu sein – sofern man sie, wie erwähnt, im Sinne eines Kreuzes versteht und dabei Basel im Norden, Genf (und Lausanne) im Westen, Zürich (und St. Gallen) im Osten, das Tessin (mit Bellinzona, Lugano und Locarno) im Süden und Bern (und Luzern) in der Mitte, also dort, wo das »Herz« der Schweiz liegt, des Landes sieht.

Die Schweiz im Sinne des Kreuzes:

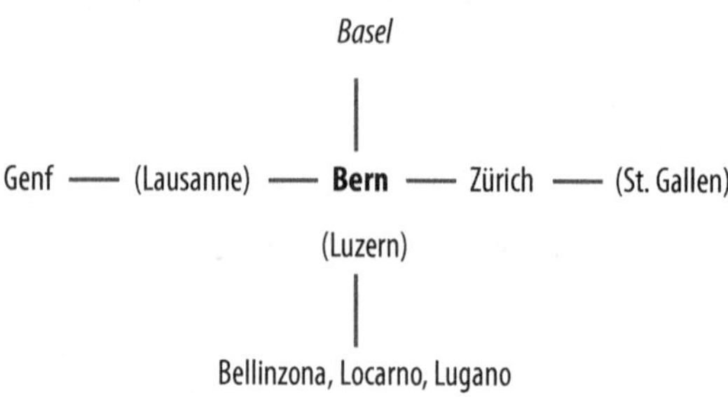

Die Schweiz im Sinne des Taus:

Wenn man sie dagegen im Sinne eines Taus versteht, dann ist es nicht mehr Basel, das die Schweiz mit entsprechenden Impulsen versieht. So liegt Basel plötzlich wieder aussen vor, ausserhalb der Schweiz, und die Schweiz selbst wäre »geköpft«. Es wäre dann jemand anderes, dem diese Funktion zukäme, nämlich jemand, der auf der Waagrechten liegt, zum Beispiel – Zürich. Also jenes Zürich, das sich als Stadt der Ost-West-Achse seit Ende des 19. Jahrhunderts auch ernsthaft darum bemüht, selbst Kopf der Schweiz zu werden (und mit der Eidgenössischen Technischen Hochschule, einem »Geschenk« der Eidgenossenschaft, tatsächlich so etwas wie ein »Kopf der Schweiz«, wenn auch »nur« auf technischer und nicht auf geisteswissenschaftlicher Ebene, geworden ist).

Als Stadt der Waagrechten kann es aber nicht wirklicher Kopf der Schweiz im Sinne des Kreuzes oder des Menschen werden, auch wenn es dies selbst meinte oder wollte. Es kann nur »künstlicher« Kopf werden, Kehlkopf, also Kopf des Taus, der da als solcher, weil Zürich selbst mehr im Osten des Landes liegt, nach Osten blickt. Also dorthin, wo einst auch, so könnte man sagen, das Habsburger Reich seine hauptsächliche Gewichtung fand. Es scheint, dass sich auch deshalb so viele Medien in Zürich angesiedelt haben – oder Zürich generell meint, umso mehr mit lauten Tönen immer wieder auf sich aufmerksam machen zu müssen (und dafür die vielen Medien braucht). Wäre Genf zum Kopf der Schweiz im Sinne des Taus geworden, so blickte sie nach Westen, nach Frankreich, zu Napoleon. Mit Basel, dem eigentlichen Kopf der Schweiz, blickt oder blickte sie dagegen nach Norden, nach Frankreich und Deutschland – oder wie der Mensch nach allen Seiten (ausser vielleicht nach hinten, sodass die Vergangenheit überwunden werden kann oder will).

Interessant in diesem Zusammenhang ist, dass sich die Schweiz zur Zeit, als Basel den Ton noch (mit-)angab und tatsächlicher Kopf der Schweiz war, zu einem humanitären und sozialen Land entwickelte – in Genf wurde unter Henry Dunant das Rote Kreuz begründet, in Zürich wirkten Lavater und Pestalozzi, und in Basel, der Stadt von Erasmus von Rotterdam, wenn auch viel später und bereits im 20. Jahrhundert, entstand unter Hans-Peter Tschudi die AHV. In der Jetztzeit aber, seit Zürich in vielen Bereichen hauptsächlich den Ton angibt und den Kopf spielt, entwickelte sie sich zum Land der Steuerhinterziehung für reiche Ausländer, der Korruption (FIFA) und allgemeiner dubioser Bankgeschäfte – und auch zu einem immer mehr (tatsächlich) doch zentralistisch funktionierenden Gebilde, das sich unter dem ideologischen Einfluss einer rechtsnationalen Schweizerischen Volkspartei gegen Europa abschotten und sich selbst nur noch als Mass aller Dinge in der Welt sehen will.

Der Austritt Basels aus der Eidgenossenschaft

Die Schweiz im Sinne des Kreuzes und somit auch im Sinne des Menschen zu verstehen, bedeutete also, dass es durchaus im Interesse der Schweiz selbst läge oder liegt, Basel in ihre Betrachtungen miteinzubeziehen. Um dadurch erst im eigentlichen Sinne auch selbst wirklich Schweiz zu sein. Denn wenn sie Basel nicht mehr in ihre Betrachtungen miteinbezieht oder miteinbezöge, so wie das seit Ende des 19. Jahrhunderts immer mehr auch geschehen ist (und bis heute in vielen Bereichen auch immer noch geschieht), dann verliert oder verlöre auch Basel für die Schweiz seine Bedeutung, seinen Sinn. Und sie, die Schweiz, gleichzeitig die Möglichkeit, wirklich Land im Sinne des Kreuzes zu sein. Mit der Konsequenz für Basel, dass es sich überlegen müsste, ob es nicht besser wäre, als Kanton, als Stadt, wieder aus der Schweiz auszutreten. Denn was nützt es, Teil der Schweiz zu sein, wenn man deren Pflichten erfüllt, zum Beispiel die Pflichten des Steuerzahlens oder des Finanzausgleichs – Basel kommt beim Finanzausgleich innerhalb der Schweiz insgesamt für 20 Kantone auf![15] –, selbst aber wenig oder gar keine Gegenleistung dafür erhält?

Basel und der Rhein

Die zwei anderen Gründe, die Basel zum Kopf oder Haupt der Schweiz machen, aber dann auch zum Tor zu Europa, sind seine Lage im Dreiländereck sowie der Rhein.

Der Rhein ist ein Fluss, der in Basel zum Strom wird und gleichzeitig, von Osten kommend, nach Norden dreht. Das heisst also, er ändert in Basel, das eingebettet im Dreiland[16] zwischen dem schweizerischen Jura,

---

15   »Basler zahlen für 20 Kantone«, Basler Zeitung vom 20.06.2017.

16   Als Dreiland im engeren Sinne wird in Basel jenes Gebiet bezeichnet, das sich im Dreieck Schweiz, Deutschland und Frankreich befindet. Dessen Eckpunkte bilden jeweils der schweizerische, der badische und der elsässische Belchen (Jura, Schwarzwald und Vogesen). Es entspricht in etwa der Trinationalen

den französischen Vogesen und dem deutschen Schwarzwald liegt, seine
Richtung. Oder in anderen Worten: Auch er verlässt hier die Waagrechte
und wird zur Senkrechten – und macht Basel so, nämlich durch seine »Willensänderung«, zu einem Ort, an dem sich – im übertragenen Sinne – das
Tier zum Menschen wandelt. Oder das Tau zum Kreuz. Und somit das (ausschliessliche) Fühlen zum Denken. Die pure Emotionalität zur Vernunft.
Die Verklärung zur Aufklärung. Das Träumen zur Wachheit. Der Kehlkopf
zum Kopf. Oder das »Marktschreierische«, »Prahlerische« zur Mässigung
und Sachlichkeit. Damit bestätigt auch er, symbolisch-philosophisch gesprochen, was bereits das Schweizer Kreuz in Bezug auf Basel offenbart.

Auch dass der Rhein in die Nordsee, in eines der grossen Weltmeere,
mündet, von der aus per Schiff die Welt erkundet werden kann, ist relevant.
Denn dadurch wird die Stadt, und somit die Schweiz selbst, zu der Basel seit
1501 gehört, nicht nur für den Gütertransport auf dem Wasser oder für die
Personenschifffahrt, sondern auch gedanklich mit der Welt verbunden. Und
somit weltoffen und frei. Weil auch das Meer Ausdruck von Weltoffenheit
und Freiheit, aber auch von Grenzen-Überwindendem und Horizont-Erweiterndem ist. Was Hoffnungen weckt – aber auch Sehnsucht. Und Neid!

Sehnsucht wie wohl bei der »Helvetia auf Reisen«, einer künstlerischen
Schöpfung von Bettina Eichin, die da, erschöpft in Basel angekommen,
Schild, Speer und Koffer abgestellt, am Kleinbasler Brückenkopf bei der
Mittleren Rheinbrücke sitzt und nachdenklich rheinabwärts blickt.

Und Neid bei all jenen, die meinen, eine Aare oder Limmat sei mit dem
Rhein vergleichbar.

Agglomeration Basel (TAB) respektive in seiner Erweiterung dem Trinationalen
Eurodistrict Basel (TEB). Im weiteren Sinne umfasst das Dreiland sogar das
Gebiet der gesamten Trinationalen Metropolregion Oberrhein, die neben
dem TEB ebenfalls die Distrikte PAMINA, Strassburg/Ortenau und die Region
Freiburg/Centre et Sud Alsace mit einschliesst.

Basel im Dreiländereck

Wenn der Rhein, der in Basel von Westen kommend nach Norden dreht, Basel und damit auch die Schweiz mit der Welt verbindet, so verbindet auch Basel selbst, nämlich als Stadt und Agglomeration – und damit sind wir beim dritten Grund angelangt, weshalb Basel als Kopf oder Haupt der Schweiz und als Tor zu Europa verstanden werden kann –, sich und die Schweiz mit der Welt, und dies vielleicht mehr nun auch in Bezug auf Europa. Nämlich durch seine Lage im Dreiländereck, quasi als »Europa im Kleinen«. Indem es auch immer wieder, um zu »überleben«, Grenzen selbst überwinden, das heisst auch mit dem »Ausland« verhandeln und sich arrangieren muss (was seinerseits wiederum das Denken und der Wille zum Sozialen fördert). Denn Basel allein als Stadt (oder als Kernstadt einer Agglomeration) lebt in Nachbarschaft und somit an den Grenzen zu Deutschland und Frankreich, aber auch in Nachbarschaft und somit an der Grenze zum (Halb-)Kanton Baselland. Und als Stadt im Sinne einer Agglomeration mit dieser Nachbarschaft in Gemeinsamkeit, sodass daraus eine trinationale, fast eine Million Einwohner zählende Metropole wird.

Basel als Gegenentwurf zur Blocher'schen Volkspartei

Damit wird es aber auch – bereits »von Natur aus« – zum Gegenentwurf einer rechtsnationalen, hauptsächlich von der Schweizerischen Volkspartei, der SVP, initiierten Bewegung, deren Anliegen es ist, die Schweiz von Europa und der Welt abzuschotten (ohne gleichzeitig auf die Vorzüge Europas zu verzichten!). Mit der Gefahr, auch hier seine Bedeutung zu verlieren, wenn sich die Schweiz nicht gegen das Ansinnen einer SVP durchzusetzen weiss und sich auch Basel nicht im Sinne eines weltoffenen Landes in Bern zu behaupten vermag. Nämlich seine Bedeutung als Stadt selbst, aber auch in Bezug auf die Schweiz, indem es isoliert und in seiner Gesamtfunktion als Grenzen überwindende Agglomeration infrage gestellt, als »Europa im Kleinen« und dadurch auch als Kopf oder Haupt der Schweiz negiert und übergangen, ja ausgebootet wird.

So wie es sich beim Denken zeigt, das auch nicht mehr in seiner eigentlichen Weise funktioniert, wenn es isoliert oder in seiner »Natur« generell bedrängt oder begrenzt wird. Denn es ist allein das Grenzen-Überschreitende, auch das In-Frage-Stellende, das Ideen und Innovationen schafft und auch erst ein wirkliches, forschendes und je nachdem analytisches Denken im Menschen ermöglicht.

Ob auch aus diesem Grund Theodor Herzl in Basel während seines Aufenthalts am ersten Zionistenkongress, wie er es in seinem Tagebuch vermerkte, den Staat Israel begründet hat? Oder letztlich Albert Hoffmann das LSD entdeckte? Oder in den Forschungsabteilungen der Basler Pharmaunternehmen Medikamente wie das Valium, Sandimmun oder Voltaren erfunden worden sind? Zumindest belegt eine Studie der UBS aus dem Jahr 2016, dass Basel-Stadt der innovativste Kanton der Schweiz ist, was vor allem auch die Anzahl der Patente beweist. »Es gibt kaum eine Wirtschaftsregion weltweit, die so viele Patente aufweist«, sagte der Leiter dieser Studie.[17]

Stadt der Aufklärung

Und vielleicht auch keine Region in der Schweiz, die generell dazu befähigt wäre, in der Weise wirklich Grenzen zu überwinden und sich dadurch auch hin zur Welt zu öffnen. Denn es ist auch die Welt, die verhindert, beziehungsweise der fehlende Kontakt zu ihr, vorurteilsbeladen zu sein. Und auch intolerant. Sie öffnet den Menschen nicht nur geistig, sondern auch menschlich, ideell – ohne dabei selbstverständlich die Grenzen zu verlieren. Denn wer die Grenzen verliert, der versteht auch die Toleranz falsch. Toleranz, die eigentlich nur entstanden ist, um es philosophisch überspitzt zu formulieren, weil man verhindern wollte, Menschen zu zwingen, ihre geistige Fixierung und Intoleranz aufzugeben. Zum Beispiel zugunsten eines wirklich aufgeklärten Denkens. Sodass auch das selbstständige Denken und weniger nur das Nachdenken oder das Akzeptieren eines bereits Gegebenen

---

17 »Wettbewerbsfähigkeit – Basel-Stadt landet auf Platz drei, Baselland rutscht nach hinten auf Platz 9«, bz Basel, 31.03.2016.

oder auch allein Traditionellen, Verklärten und Religiösen im Mittelpunkt steht – um den Menschen damit zur Mündigkeit und zur Wachheit, ja zur Selbstständigkeit zu führen. Und das deshalb auch frei ist von Vorurteilen und Doktrinen, die den Menschen zum Gefangenen machen, geistig bedrängen, einzwängen – und unter das Diktat von Obrigkeiten und deren Ideologien und Lehrmeinungen führen.

Aus diesem Grund wäre Basel eigentlich die Stadt einer auch heute wieder geforderten Aufklärung. Eine, die beispielsweise, um nur ein Kriterium zu nennen, auch generell die Gleichstellung von Mann und Frau, vielleicht sogar in Bezug auf Religionen im Glauben selbst, in den Mittelpunkt einer Diskussion stellte, so wie dies im 18. Jahrhundert die Revolutionärin Olympe de Gouges in Bezug auf die Menschenrechte in Frankreich getan hat. Tragischerweise wurde Olympe de Gouges deswegen durch das Revolutionstribunal unter Robespierre auf der Guillotine hingerichtet.

Verwunderlich also, dass Basel noch kein Hotspot für wirklich aufgeklärtes Denken ist. Obwohl hier der »Volksmensch«, beinahe wieder traditionell, (fast) keine Heimat findet – er bemüht sich zwar, aber er schafft es nicht – oder generell Obrigkeiten oder auch Alleinherrscher nicht so sehr geliebt sind – auch der Bischof von Basel wurde aus der Stadt vertrieben, sodass er heute nicht mehr in Basel, sondern in Solothurn lebt! – oder prozentual die meisten Konfessionslosen leben.

Vielleicht nicht, weil es als Stadt eines einstigen Konzils und vieler Klöster und Kirchen dafür in Konflikt geraten würde mit den Religionen? Denn es sind letztlich (auch) die Religionen, die vorab aufgrund ihrer patriarchalen Ausrichtung und Gesinnung ein wirklich aufgeklärtes Denken, ja ein selbstständiges Denken überhaupt, nicht zulassen und verhindern. (Ein Grund, weshalb sich selbst die UNO nicht wirklich durchsetzt bei gewissen Fragen wie der Gleichstellung von Mann und Frau innerhalb von Religionen – und so, ob bewusst gewollt oder nicht, das Menschenrecht der Religionsfreiheit über das Recht der Gleichberechtigung und Gleichstellung von Mann und Frau stellt?)

Diese Frage kann oder muss wohl mit einem schüchternen Ja beantwortet werden. Denn schliesslich besitzt Basel immer noch den Bischofstab in seinem Wappen. Anders als das »Wappen« des Dreilands, das dem von

Europa sehr ähnlich sieht. Der Forderung Napoleons, diesen Bischofstab im Wappen zu ersetzen, beispielsweise mit einem Basilisken, wurde nicht nachgekommen, bewusst oder unbewusst von den damaligen Basler Behörden »verschlampt«. Vielleicht auch hier von Vertretern eines »alten« Basels, die schon damals einen Aufbruch Basels verhindern wollten?

Und dennoch müsste Basel mehr in diese Richtung unternehmen, mehr noch Stadt der Aufklärung sein – nicht aber im Sinne der Religionen, sondern allein im Sinne des individuellen Menschen. Denn für die Religionen gibt es das »Haus der Religionen« in Bern, ein Haus, das wohl nicht zu Basel passte. Auch der »Schweizerische Rat der Religionen«, der sich aus Vertretern der christlichen, jüdischen und muslimischen Kirchen und Organisationen zusammensetzt und sich für den interreligiösen Dialog engagiert[18], befindet sich in Bern. Es ist also Bern, das sich den Religionen angenommen hat – und vielleicht auch zu Recht. Weil Bern mehr doch in der Mitte des Landes liegt, nämlich im »Herzen«, und nicht oben, beim »Kopf«.

---

18 Interessant (oder aufschlussreich?) ist, dass dieser »Schweizerische Rat der Religionen« sein zehnjähriges Jubiläum im Mai 2016 mit einer Zugfahrt vom katholischen St. Gallen nach dem reformierten Genf, also auf der West-Ost-Achse und somit auf der Waagrechten der Schweiz, gefeiert hat.

Basel und seine Aufgabe – und die Aufgabe der Schweiz

Was muss Basel tun, um sich selbst und seine Bedeutung mehr in die Schweiz einzubringen? Und diese dadurch in ihrer Bedeutung vielleicht sogar (wieder) in Richtung des Kreuzes zu ändern? Denn es ist Zürich, das es von allen Kantonen und Städten der Schweiz heute am meisten versteht und auch am leichtesten hat, sich in den Mittelpunkt der Schweiz zu stellen. Und so auch die Schweiz bestimmt, ihr sogar, bis zu einem gewissen Grad, seinen Charakter verleiht. Also den Charakter, mehr eben Land der Waagrechten und nicht (mehr) auch Land der Senkrechten zu sein, geschweige denn ein Land zu sein, das Basel und dessen Qualitäten als Haupt erträgt. Sodass man deshalb auch versteht, weshalb Bundesbern ebenso meint, Zürich immer zu geben, was es sich selbst wünscht oder für sich verlangt.

Basel muss sich deutlicher und lauter in Bern vorbringen

Die Antwort ist: Basel muss sich und seine Stärken noch deutlicher und vor allem wohl auch lauter in Bern vorbringen. Es muss sich besser präsentieren – und auch: erklären! Erklären, wer oder was es ist, was seine Bedeutung ausmacht, wie es funktioniert. Indem es sich zunächst selbst seiner Bedeutung bewusster wird. Also nicht nur im Hinblick auf seine wirtschaftliche oder kulturelle Kraft, sondern vor allem auch im Hinblick auf seine politische, ideelle Bedeutung, was seine Ausrichtung nach der Senkrechten hin, ja gar seine mögliche Funktion als Kopf beziehungsweise als Tor zu Europa betrifft. Denn solange sich die Schweiz mehr allein in ihrer Waagrechten gefällt, desto mehr gelten in ihr auch die Gesetze der Waagrechten: jene des Darwinismus, aber auch der Abschottung und der Verklärung. Abschottung zum Beispiel zum Zwecke einer vermeintlichen »Arterhaltung« oder der Sicherung des eigenen Reichtums, den man umso mehr für sich horten will. Und Verklärung in Bezug auf ein Schweiz-Bild, das man sich selbst zurechtlegt, auch wenn es nicht der Realität entspricht. Und Darwinismus im Sinne eines Sozialabbaus oder, zwecks eigener Selbsterhöhung und Raffgier, im Sinne eines Eliminierens von scheinbaren Konkurrenten oder Feinden. Oder gesellschaftlich Schwächeren. Indem man diese an den Rand drängt, verdrängt, ja gar zum Teil kriminalisiert oder in ihrer Bedeutung entwertet. Es ist – im übertragenen Sinne – also das Tier, das den Schweizern dann so auch mehr gefällt und nicht der Mensch. Das Tier, das auf den (anderen) Menschen nicht Rücksicht nimmt, weil es allein seine eigenen Bedürfnisse befriedigen will. Und somit das Tau. Und nicht die Sachlichkeit, das Miteinander und Füreinander, das Soziale, Gerechte, das Offene, Vielfältige und die Vernunft. Ganz nach dem Motto einer SVP: »Wir sind die Grössten und die Besten und die Stärksten! Ohne uns funktioniert die Welt nicht! An uns kommt niemand vorbei! Wer uns nicht so akzeptiert, fliegt raus – selbst wenn wir dafür die Bilateralen oder die Personenfreizügigkeit mit der EU kündigen müssen!«

Basel muss aber auch sich selbst sein

Und dennoch *muss* es Basels Aufgabe sein, um auch wirklich sich selbst zu bleiben, Werte der Senkrechten und des Kreuzes und somit die Werte des Menschen zu vermitteln. Weil auch nur in diesen die eigentliche und wahre Bedeutung Basels liegt, aber letztlich auch die eigentliche und wahre Bedeutung der Schweiz, wenn sie sich im Sinne ihres eigenen Wappens verstehen will. Basel muss dies aufgrund der drei Kriterien tun, die es letztlich ausmachen und formten.

Ein Kraftakt, gewiss, der sich prinzipiell als sehr schwierig erweist. Denn Basel ist als Kanton sehr klein, sogar kleiner als Genf. Selbst innerhalb der gesamten Agglomeration, die sich über drei Länder und fünf Kantone erstreckt, ist Basel als Kernstadt und somit auch als Kanton der kleinste Teil (und die Agglomeration selbst zu einem grossen Teil im Ausland). Denn im Gegensatz zu Zürich konnte Basel keine seiner Speckgürtel-Gemeinden, die sich ausser Riehen und Bettingen alle ausserhalb des Kantons befinden, in die eigene Stadt eingliedern – seine Einwohnerzahl als Stadt selbst wäre damit (ebenso) um das Vielfache gestiegen. Und vielleicht auch sein Einfluss in Bern? Dennoch hat es die Möglichkeit und auch die Pflicht, sich in Bern einzubringen.

Auch die Schweiz selbst muss sich fragen

Doch auch die Schweiz selbst muss sich fragen, welchen Weg sie in Zukunft wirklich gehen will: den des Kreuzes oder doch den des Taus? Also – letztlich – dann auch den mit oder den ohne Basel? Denn setzt sie, wie zum Teil bisher, allein auf das Tau und nicht auf das Kreuz, so schliesst sie Basel, ob sie nun will oder nicht, automatisch aus. Man sieht eine solche Entwicklung beispielsweise bei den Schweizerischen Bundesbahnen, die dabei sind, die Bedeutung Basels als Verkehrsknotenpunkt für den Personenverkehr sukzessiv mit Zürich zu ersetzen und die Bedeutung der Bahn selbst allein in der Ost-West-Achse zu sehen. Oder bei der Fluggesellschaft SWISS, die Basel nun gänzlich aufgegeben hat und sich allein auf Zürich und Genf konzentriert.

Setzt sie dagegen auf das Kreuz, dann entzieht sie Zürich seine gewohnte Dominanz – und macht damit auch Basel (wieder) zu einem wirklichen Teil der Schweiz. Und auch sich, die Schweiz selbst, zu jenem Land, das sich im Sinne seines eigenen Wappens versteht und offenbart.

Die »Ent-Escher-ung« der Schweiz

Nicht dass jetzt damit eine »Ent-Escher-ung« der Schweiz propagiert werden soll, da es ja um das Schweizer Kreuz geht – denn es war Alfred Escher, der die Schweiz letztlich ganz nach Zürich hin, mit Bern als seinem Vasall, und weg von Basel ausgerichtet hat. Im Gegenteil, es muss ein Weg gefunden werden, der nicht nur Zürich, so wie heute, sondern auch Basel, so wie früher, in seiner Bedeutung in der Schweiz und für die Schweiz gelten und einbeziehen lässt. Und dies müsste Basel auch selbst so fordern!

Damit würde auch Bern als Hauptstadt gestärkt, das sich dafür aber vorerst emanzipieren müsste, nämlich vor Einflussnahme durch andere

Kantone wie Zürich. Weil es dann umso mehr auch (endlich) seine Bedeutung und Funktion erst wahrnehmen könnte, nämlich seine Bedeutung und Funktion, »Drehscheibe und Vermittler zwischen den Landesteilen« zu sein sowie »Brücke in alle Landesteile – also nach Westen in die Romandie, nach Norden Richtung Basel und nach Osten Richtung Zürich«, wie dies ein Berner Stadtpräsident in einem Referat im Jahre 2009 selbst erläutert hat.[19] Ob ihm das dazu entsprechende (Selbst-)Bewusstsein fehlt, dass es sich bis jetzt noch nicht so verhält?

Denn Bern ist die »Mitte« der Schweiz, deren »Herz« (besitzt es auch deshalb mit dem Inselspital das grösste Herz-Zentrum der Schweiz, das ihm auch hier Zürich streitig machen will?), das im »Kreuzpunkt« zwischen der Nord-Süd- und West-Ost-Achse liegt und auch deshalb für Ausgleich und Gerechtigkeit, aber auch für Harmonie und gegenseitiges Wohlwollen, für Menschlichkeit und Vernunft und für Vielseitigkeit innerhalb des Landes, das sich der Demokratie und dem Föderalismus verschrieben hat, zu sorgen hat – oder eben zu sorgen hätte, wenn es sich wirklich seiner Bedeutung und Funktion bewusst wäre. Mit Basel (und Liestal, dem Kantonshauptort Basellands?) im Norden als »Kopf«, zu dem es dann wieder eine besondere Affinität besässe. Mit Genf (und Lausanne) und Zürich (und St. Gallen) im Westen und Osten als »Hände« und »Arme«. Und mit dem Tessin (Bellinzona, Lugano und Locarno) im Süden als »Beine« und »Füsse«.

In Genf sind die »Hände«, sodass wohl auch deshalb dort (international) ver*hand*elt wird. Ebenso in St. Gallen, das Stadt der Stickerei, einer *Hand*werkskunst, ist. In Zürich die »Arme«, was eigentlich, wie noch bei Pestalozzi, ein soziales Engagement bedingte (Um*arm*ung oder ein In-die-

---

19 Dieses Referat hatte der damalige Berner Stadtpräsident Alexander Tschäppät am 1. Juli 2009 an einer Medienkonferenz in Bern zum Thema Hauptstadtregion gehalten. Es hatte zum Ziel, »den kantonsübergreifenden Grossraum Bern als Hauptstadtregion Schweiz und damit als eine Region mit einer national einzigartigen Stellung und einem eigenständigen Profil« zu positionieren. Anlass dafür war, dass im neuen »Raumkonzept Schweiz« die drei Grossregionen Basel, Genf-Lausanne und Zürich zu Metropolitanregionen erklärt wurden, nicht aber Bern, das sich deshalb, um auf gleicher Höhe zu bleiben, umso mehr fortan als »Hauptstadtregion« bezeichnet.

Arme-schliessen). Und in Basel der »Kopf«, der Ausdruck von Innovation und Forschung ist.

Auf diese Weise stellte ich mir also die Schweiz vor. Die wirkliche Schweiz. Wer weiss, vielleicht werden diese Gedanken aufgenommen? In Bern, in der Schweiz, in Europa. Wünschen würde ich es mir, ja – und dies nicht nur als Schweizer, sondern vorab auch als Basler, der im Dreiland wohnt, also in Europa, und das Dreiland, also auch Europa, liebt.

Anhang

Eine philosophisch-spielerische Betrachtung,
die nicht der Wirklichkeit entsprechen muss,
aber dennoch interessant ist und
eine gewisse Brisanz in sich birgt.

Eine Stadt wie Genf, Luzern oder Zürich, die an einem Seebecken liegt, krümmt sich um das Seebecken wie ein (Halb-)Mond. Städte wie Basel oder je nachdem auch Bern dagegen, die nicht an einem See liegen, sondern in diesem Falle an einem Fluss, sind in ihrer Gestalt oder Form, von oben her betrachtet, rund wie die Sonne. Wenn man die Sonne als Planeten versteht, der aus sich selbst heraus leuchtet, dann ist der Mond ein Planet, der nur leuchtet, weil er von aussen, nämlich von der Sonne beschienen wird. Er benötigt deren Licht also unbedingt, um selbst zu »scheinen« (oder selbst zu sein?). Er scheint also mit oder durch die Sonne, indem er der Sonne – ihr Licht nimmt. In diesem Sinne könnte man also verstehen, weshalb Zürich meint, sowohl Haupt als auch Hauptstadt der Schweiz werden zu müssen. Oder sich generell darum bemüht, zu übernehmen und gleichzutun, was für Basel wichtig ist. Weil es Basels oder Berns Licht will. Aus Angst davor, sonst vielleicht nicht oder zu wenig selbst zu leuchten, bestehen zu können und neben Basel und vielleicht auch Bern unterzugehen?

Nach dieser Überlegung könnte man also auch sagen: Sonnenstädte sind Städte von Ideen und Innovation. Weil sie von innen her selbst leuchten. Ihnen entsprechen das selbstständige Denken, das Aus-sich-selbst- oder gar nur Selbst-Sein und die Innerlichkeit. Mond-Städte dagegen sind Städte von »Glanz und Gloria« – und der Projektion. Ihnen entsprechen das Nachdenken, das Nachmachen- oder Nachmachen-Müssen, um selbst zu sein, das Durch-andere-oder-von-anderen-beschienen-werden-Müssen, um selbst zu sein und die Äusserlichkeit, der Schein. Aber auch das Projizieren von eigenen Schwächen auf andere (zum Beispiel, indem man den Neid – oder gar die Minderwertigkeit? – bei anderen sucht).

Interessant an Basel ist, dass es, wie eine Sonne oder ein Lebensrad mit sieben Strahlen, Täler hat, mit denen es durch sieben S-Bahn-Linien verbunden ist. Es sind dies das linksrheinische und das rechtsrheinische Oberrheintal (in Richtung Mulhouse und in Richtung Bad Bellingen und Freiburg), das Birs- oder Laufental (in Richtung Laufen, Delémont und Porrentruy), das Ergolztal (in Richtung Liestal, Sissach und Olten), das linksrheinische und das rechtsrheinische Hochrheintal (in Richtung Rheinfelden, Laufenburg beziehungsweise Frick und in Richtung badisch Rheinfelden und Waldshut) und das Wiesental (in Richtung Schopfheim und Zell). Mit dem Birsig-Tal, das Basel mit dem Sundgau verbindet, gibt es ein weiteres Tal. Das Birsig-Tal wird von der Strassenbahnlinie 10 bedient, einer Strassenbahnlinie, die ihrerseits (als damals längste Strassenbahnlinie Europas) drei Kantone und zwei Länder befährt.

Zudem: Wenn Flüsse durch eine Stadt fliessen, bestärken sie deren geistige Beweglichkeit und das innovative, selbstständige Denken. Seen dagegen ruhen in sich selbst – und konservieren und bewahren. Städte an Flüssen bringen Neues, Städte an Seen erhalten und pflegen das Alte. (Ob aus diesem Grund viele der SVP-Ideologen, die das heroische, verklärte Schweiz-Bild einer Vergangenheit »bewahren«, neben deren Chefideologen selbst, an einem See, dem Zürichsee, wohnen? Oder die Schweiz generell, da sie viele Seen besitzt, sehr konservativ ist?)

Eine weitere philosophisch-spielerische Betrachtung

Wenn im Kleinen, also in der Schweiz, Basel der Kopf ist und Bern das Herz oder die Seele, so ist im Grossen, also in Europa, auch Brüssel der Kopf, und Strassburg ist das Herz oder die Seele. Aus diesem Grund ist es berechtigt, wenn und dass in Brüssel die Zentrale Europas liegt. Und auch völlig falsch, wenn man meinte, den EU-Sitz in Strassburg aufgeben und ganz nach Brüssel verlegen zu wollen! Im Elsass wiederum ist Strassburg der Kopf, und Colmar ist das Herz oder die Seele. Jede Stadt kann also Kopf sein, wenn sie sich entsprechend in Bezug auf ihre eigene »Gebietskörperschaft« orientiert. Und auch jede Herz oder Seele.

In Bezug auf Gesamteuropa kann aber auch die Schweiz als Herz oder

Seele betrachtet werden, weil sie in der Mitte Europas liegt. Man fragt sich deshalb, weshalb die Schweiz selbst nicht mehr mit Europa verbunden oder vielleicht sogar ebenso deren Mitglied sein will – und gewollt aussen vor bleibt. Liegt es an Zürich (und dessen SVP)? Weil Zürich (und dessen SVP) zurzeit die Schweiz bestimmt? Und somit auch an der Waagrechten, deren Kopf oder besser Kehlkopf Zürich ist?

Oder anders gefragt: Würde sie mehr oder überhaupt zu Europa gehören wollen, wenn sie ihre eigene Bedeutung wieder in Richtung Basel änderte? Indem sie beispielsweise, so wie früher, als Basel noch den Ton in der Schweiz (mit-)angab, dadurch auch selbst mehr wieder Kreuz als Tau und somit auch selbst mehr wieder im Sinne eines Aufgeklärten, Sozialen und auch Weltoffenen und Humanen als im Sinne eines Verklärten, Überhöhten, von »Neid und Missgunst Getriebenen« und von Europa und der Welt Abgeschotteten Schweiz sein will?

Würde dann aber auch Basel statt Strassburg Herz oder Seele Europas werden? Oder das gesamte Oberrheintal, gemeinsam mit Strassburg?

Bern als Hauptstadt der Schweiz

Dass Bern Hauptstadt der Schweiz ist (und auch Hauptstadt der Schweiz bleibt), ist gut. Aber auch wichtig. Nämlich wichtig für den Demokratiegedanken und den Föderalismus in der Schweiz, für den Bern als Hauptstadt die Verantwortung trägt. Das heisst, damit also das Land auch davor geschützt wird und davor geschützt ist, nicht auf einmal doch ein zentralistisches Land zu werden. Denn Bern besitzt (gewöhnlich) nicht den Egoismus wie zum Beispiel Zürich, der dazu drängt, wie zwanghaft alles an sich zu reissen, weil man derart von sich selbst eingenommen ist, generell die »wichtigste« und »bedeutendste« Stadt der Schweiz, ja gar der Welt zu sein. Es scheint in dieser Beziehung mehr eine Ähnlichkeit mit Basel zu haben, das ebenso eher »sozial« und demokratisch, das heisst auch im Sinne der gesamten Schweiz, denkt.[20]

---

20 Während Alfred Escher in Zürich alles daran setzte, die Schweiz ganz nur im Interesse Zürichs zu gestalten, war in den 50er Jahren der Basler

Der Nachteil Berns als Bundeshauptstadt jedoch ist, zumindest aus Sicht von Bern selbst, dass es nicht an der Gotthard-Bahnlinie und somit nicht auf der traditionellen Nord-Süd-Achse der Bahn liegt, die von Basel ins Tessin (oder neuerdings angeblich, wie man oftmals nur noch liest, von Zürich ins Tessin) führt. Dafür aber an der Lötschberglinie, die es ebenso, heute sogar auch als Teil der Neuen Eisenbahn-Alpentransversale NEAT, nämlich via Brig und Simplon und dann Domodossola, mit Italien und Mailand und auch mit Genua verbindet.

Da die Lötschbergbahn Bern und das Berner Oberland mit dem Wallis und, via Simplon, mit Italien verbindet, könnte oder müsste *sie* eigentlich die für die Schweiz massgebliche Bahnlinie der Nord-Süd-Achse sein. Da sie Bern, das Bundeshauptstadt der Schweiz ist, nicht aussen vor lässt, sondern miteinbezieht. Doch diese Anschauung würde sich natürlich niemals durchsetzen, auch nicht in absehbarer Zeit, weil immer nur die Gotthardbahn, und zwar mit und wegen Zürich, im Vordergrund stand und auch heute wieder mit dem Basistunnel im Vordergrund steht. Zudem ist der Gotthard für die Schweiz generell ein Mythos.[21] (Ein Mythos, der früher jedoch von der Strecke Basel-Luzern-Gotthard ausging.)

Deshalb wohl stellte auch der Bund bereits damals, also im 19. Jahrhundert, für die Nord-Süd-Bahnverbindung via Bern, wie sie nun mit der Lötschbergbahn besteht, keinerlei Hilfe zur Verfügung, auch wenn sie Bern mit Nachdruck verlangte. Er wollte nicht, dass eine zusätzliche Transitachse

---

Regierungspräsident Dr. P. Zschokke darum besorgt, dass beispielsweise die Rheinschifffahrt nicht allein mit Basel verbunden blieb. In einer Rede an den Internationalen Rheinschifffahrtstagen von 1954 sagte er, als es um die Verlängerung der Rheinschifffahrt bis zum Bodensee ging, dass er zuversichtlich sei, dass die Rheinschifffahrt über Basel hinaus bis zum Bodensee kommen werde. Nicht die Schiffbarmachung des Hochrheins stehe in Frage, sondern höchstens das Wann und das Wie. – Gefunden als Artikel mit dem Titel »Fünf Jahrzehnte Rheinschiffart zum Nutzen der Eidgenossenschaft und der Stadt Basel« in der Ausgabe Nr. 384 der Basler Nachrichten vom 10. September 1954.

21 Ein Mythos ist er beispielsweise auch deshalb, weil er mit militärischen Verteidigungsanlagen ausgestattet ist, die Teil des »Schweizer Reduits« sind. Deren Bau begann 1886, also kurz nach der Eröffnung der Gotthardbahn.

via Bern die Gotthardbahn (und somit wohl dann Zürich) konkurrierte. Mit aller Vehemenz hatten die Bundesbehörden damals eine zweite Transitachse via Bern verhindert.[22] Mit der Konsequenz, dass Bern mit der Inbetriebnahme der Gotthardbahn im Jahr 1882 von der Nord-Süd-Hauptverkehrsachse noch völlig abgeschnitten war. Erst als Frankreich das Elsass und Lothringen an Deutschland verlor, ermöglichten Wirtschaftskreise aus Paris, die an einer für sie attraktiven internationalen Transitbahn via Bern durch die Schweiz interessiert waren, den Bau der Lötschbergbahn – der Lötschbergtunnel konnte 1913 eröffnet werden – und somit den Bau einer Nord-Süd-Achse via Bern, indem sie sich finanziell daran beteiligten. Mit dennoch einem bleibenden Nachgeschmack für Bern bis heute: dass es nämlich in seiner Bedeutung als Bundeshauptstadt gegenüber Zürich, das von einer Gotthardbahn immer profitierte und auch heute wieder, mit der Eröffnung des Gotthardbasistunnels am 1. Juni 2016, besonders profitiert, sich durchaus weiterhin in geschwächter Position (noch) sehen kann oder sehen muss. Denn auch der hauptsächliche Personenbahnverkehr nach Mailand führt wohl weiterhin durch den Gotthard (und so wohl auch über oder ab Zürich). Doch die Erweiterung des Lötschberg-Basistunnels, der 2007 eröffnet wurde, nun auf zwei Spuren, könnte die Lage Berns wesentlich verändern – und vielleicht dann auch (endlich) die nötige Aufwertung für Bern als Bundeshauptstadt bewirken.

Doch nicht nur beim Eisenbahnnetz, sondern auch bei anderen Projekten wurde Bern übergangen, bewusst geschwächt. Zum Beispiel beim

---

22 Einer der Hauptakteure, der die Lötschbergbahn verhindert hat, war wohl Alfred Escher, der »Schweiz-Architekt« im Sinne Zürichs. Als Politiker und Bankier, also als Mann mit Einfluss und Geld, setzte er sich auch gegen eine Variante durch das Lukmanier- und Splügen-Massiv durch. (Auch) hier meinte er: »Ich habe schon seit längerer Zeit die Überzeugung gewonnen, dass in Folge der Gestaltung des Eisenbahnnetzes der Schweiz und unserer Nachbarländer eine Eisenbahn über den Gotthard den Interessen Zürichs und der Nordostbahn viel förderlicher wäre als eine Eisenbahn über einen Bündnerischen Alpenpass«, schrieb er im Oktober 1863 in einen Brief an seinen ehemaligen Studienkollegen Johann Jakob Blumer, einem in Glarus geborenen Juristen und Historiker.

Luftverkehr, und hier massiv. Das Projekt »Grossflughafen«, das während des Zweiten Weltkriegs geplant wurde und im Raum nördlich von Bern, nahe bei Solothurn, einen internationalen Flughafen, den »Schweizerischen Zentralflughafen Utzensdorf«, vorsah, wurde ebenso nicht realisiert. Hier war es jedoch – angeblich oder für Zürich in »praktischer« Weise – der Widerstand der eigenen Bevölkerung, der einen solchen Flughafen, aus welchen Gründen auch immer, letztlich verhinderte – und dafür dann den Bau des internationalen Flughafens in Zürich, wie er heute besteht, ermöglichte. Bundesbern hätte sich da mit allen Mitteln für Bern, weil es Bundeshauptstadt ist, einsetzen müssen.

Schlacht an der Birs zu St. Jakob von 1444

Ein Beispiel aus der Geschichte, wie der Kopf übergangen werden kann beziehungsweise in Bezug auf die Schweiz tatsächlich übergangen worden ist und deshalb in die Misere führte, kann die Schlacht an der Birs zu St. Jakob angesehen werden. Hier erlitten die Eidgenossen gegen die massiv überlegenen Armagnaken eine vernichtende Niederlage, obwohl sie von den Stadt-Baslern, die sich nicht an der Schlacht beteiligten und sich stattdessen in ihre Mauern, wo das Basler Konzil tagte, zurückzogen und so deshalb verschont blieben, davor gewarnt worden waren.

»Doch alle Warnungen, alle Befehle und alle Hinweise auf den dreißigmal stärkeren Feind waren umsonst. Die Eidgenossen knirschten mit den Zähnen vor Kampfeswut, stampften den Boden und drohten gar, ihre Hauptleute in den Fluss zu werfen, wie sie die warnenden Boten von Basel erstochen hatten. Da gaben die Anführer nach, und einer rief laut aus: ›So befehlen wir unsere Seelen Gott und die Leiber den Armagnaken!‹ Alle knieten nieder und verrichteten mit ausgebreiteten Armen das Schlachtgebet.«[23]

---

23 Aus: Meinrad Lienert, Schweizer Sagen und Heldengeschichten, Stuttgart 1915. – Das St. Jakobs-Denkmal in Basel erinnert an diese Schlacht. Es wurde von Ferdinand Schlöth erschaffen und 1872 aufgestellt. Auf einem Sockel mit der Inschrift »Unsere Seelen Gott, unsere Leiber dem Feind« schwebt Helvetia

Die Schlacht zu St. Jakob, die für die Eidgenossen vernichtend war, sollte vor allem Vertretern der SVP zu denken geben, weil auch sie kopflos agieren, wenn es, wie zum Beispiel bei der (für die Wirtschaft überaus wichtigen) Personenfreizügigkeit oder Einwanderung oder Gerichtsbarkeit (»fremde Richter«), um das Ausland und die Ausländer geht. Mit ihrer (ebenso) selbst-überschätzten und selbstherrlichen, ja masslosen Haltung, vorab gegenüber Europa, mit dem sie es alleine aufnehmen und in Dauer-Kriegszustand bleiben wollen, riskieren auch sie, dass die Schweiz in eine Misere geführt wird, nämlich beispielsweise in die Misere, wirtschaftlich von Europa isoliert zu werden und Firmen oder Arbeitsplätze ins Ausland zu verlieren.

Ist die SVP eine »Anti-Schweiz-Partei«?

Es ist bemerkenswert, dass ausgerechnet jene Partei, die am meisten die Schweiz für sich beansprucht und mit politischen Initiativen überflutet, also die Schweizerische Volkspartei, die SVP, diese am wenigsten im Sinne des Kreuzes vertritt. Denn die SVP will das Gegenteil von dem, was beispielsweise Basel will und repräsentiert, nämlich – eben – Abschottung statt Weltoffenheit, Intoleranz statt Augenmass, Nationalismus statt kulturelle Vielseitigkeit und Offenheit, Kahlschlag statt Vernunft und Isolation von Europa statt ein Einhergehen mit Europa, dem Kontinent, dem die Schweiz selbst angehört. Und dies, ein weiteres bemerkenswertes Detail: ohne dabei letztlich auf das Ausland und die Ausländer zu verzichten – nämlich, wenn's ums eigene Geldverdienen geht. Zum Beispiel mittels Bankgeheimnis, dubiosen Bankgeschäften oder Geldflucht. Oder indem man eigene Firmen im Ausland unterhält. Oder eigene Produkte ins Ausland verkauft. Somit ist sie die Partei, die eigentlich am wenigsten mit der Schweiz, also der wirklichen Schweiz, in Zusammenhang steht. Ob sie aus diesem Grund nicht besser als »Anti-Schweiz-Partei« statt als Schweizerische Volks-Partei bezeichnet werden müsste?

---

und bringt vier sterbenden Eidgenossen, die um den Sockel gruppiert sind, den Ruhmeskranz.

Vielleicht wäre die SVP heute, würde sie wie früher eine mehr auch wieder von Bern aus bestimmte Partei sein, eine Partei, die trotz ihrer »Schweiz *first*«-Anliegen humaner und sozialer – und weniger zerstörerisch und totalitär wäre.

Man fragt sich, weshalb auch in Basel eine Sektion der SVP besteht. Sie schadet Basel mehr als dass sie der Stadt nützt. Auch dass die grösste Tageszeitung in Basel, die sogar den Namen Basels trägt, die *Basler Zeitung*, heute von einem SVP-Sympathisanten aus Zürich geleitet wird, irritiert und lässt Fragen offen.[24]

Das Schweizer Fernsehen und Basel

Seine Anfänge hatte das Schweizer Fernsehen in Basel, als 1952 an der Basler Mustermesse (Muba) erstmals ein Fernsehapparat dem Schweizer Publikum gezeigt wurde. Denn daraufhin beschloss der Basler Grosse Rat, in Basel einen Versuchssender mit kantonalen Geldern zu fördern. Dieser wurde jedoch von Basler Studenten, die sich um das kulturelle Niveau des Volkes sorgten, gebodigt, indem sie ein Referendum ergriffen, das dann vom Volk angenommen wurde. Ein zweiter Versuch, in der Region Basel ein Schweizer Fernsehen zu etablieren, nämlich dann in Münchenstein im gleichen Jahr, wurde vom Bund gebodigt, indem dieser einen Versuch in

---

24 Es ist interessant, dass die Basler Zeitung, seit sie von Zürcher SVP-Leuten geleitet wird und auch übernommen wurde, tatsächlich ihren Charakter verändert hat. Sie vertritt nun ausschliesslich EU-ablehnende Standpunkte, hetzt zum Teil und erfindet Geschichten, um unliebsame Politiker zu diskreditieren (»Schwedenreisli«), und zielt mit Angriffen gegen die Person. Bemerkenswert ist, dass sie den Charakter ihres Besitzers und ihres Chefredaktors übernommen hat und nicht ihr Besitzer und ihr Chefredaktor den Charakter Basels. Vielleicht gerade aus dem Grund, weil sich SVP-Leute, im Gegensatz zu ihren eigenen Forderungen Ausländern gegenüber, niemals an einem anderen Ort integrieren, sich dessen Umgebung anpassen wollen? Selbstverständlich wollen sie damit Basel bewusst in Richtung einer SVP-Gesinnung trimmen.

Zürich mit deutlich mehr Mitteln unterstützte. Das heisst übersetzt für Basel: Hätte sich der Bund schon damals mehr auch für Basel (und nicht nur für Zürich) eingesetzt, so würde das Schweizer Fernsehen nun seinen Sitz wohl in Basel und nicht in Zürich haben. Und nicht nur das: Er hätte wenigstens dafür gesorgt, wenn schon nicht verhindert werden konnte, dass das Schweizer Fernsehen nach Zürich abwanderte, dass Basel im Sinne eines föderalistisch-demokratischen Ausgleichs ebenso einen eigenen Fernsehsender erhalten hätte, zum Beispiel das SFR2.

Doch eine solche Stärkung des Fernsehstandortes Basel verhindert er und verhindert auch Zürich bis heute, und dies, vom Standpunkt Zürichs aus gesehen, »selbstverständlich« aus gutem Grund:

Denn mit einem eigenen Sender statt nur mit zwei, drei Abteilungen wie in Zukunft, könnte sich auch Basel mit seinem Denken, seinen Sichtweisen und Blickwinkeln, ja mit seinen Standpunkten generell, die naturgegeben oftmals ganz andere sind als jene in Bern oder Zürich, wie Zürich medial in die Schweiz eingeben. Vielleicht sogar mit dem Effekt, dass sich dadurch die Schweiz in ihrer Bedeutung, nämlich wieder mehr in Richtung Europa, änderte. Oder was gibt es für Gründe, dass das Sendegebiet der Deutschschweiz, das doppelt so gross ist wie jenes der Romandie und dreimal so gross wie das der italienischen Schweiz, auch heute noch allein Zürich vorbehalten bleibt? Soll damit weiter dafür gesorgt werden, also auch für die Zukunft, dass allein Zürich bestimmt, wie und was die Schweiz ist, wie und was die Schweiz denkt?

Das »Problem« Baselland

Obwohl die beiden Halbkantone Basel-Stadt und Baselland am selben Strang ziehen müssten, da sie beide zur Trinantionalen Agglomeration Basel (TAB) gehören und gegenüber der Schweiz auch beide das Interesse teilen, stellt sich Baselland als einzige Gebietschaft dieser Agglomeration immer wieder gegen Basel-Stadt, um so, wie es meint, »eigenständig« zu bleiben. Der Grund für diese beinahe generelle Opposition liegt wohl darin, dass es im Moment sehr doch von SVP- oder SVP-nahen Kräften bestimmt wird. Denn es sind immer die Kräfte einer SVP, in der Schweiz generell, die spalten und auf Konfrontationskurs gehen statt vereinen und vermitteln und gemeinsam nach konstruktiven Lösungen suchen. Dass Baselland im Moment finanziell sehr klamm ist, hilft der SVP in ihrem Anliegen, gegen Basel zu agieren, umso mehr. Sie hat nun einen konkreten Grund, Basel zu attackieren. So will sie beispielsweise Kosten sparen, indem sie dafür kämpft, die Zentrumslasten Basels (Uni, Kultur, Gesundheitswesen) Basel alleine zu überlassen. Mehr als die Hälfte dieser Zentrumsangebote werden jedoch von Baselbietern genutzt.

Deren Exponenten sind es auch, die bei jeder Gelegenheit jene Schlacht von 1833 bei der »Hülftenschanz«[25] hervorbemühen und heroisieren, bei der die Truppen des Baselbiets jene der Stadt Basel vernichtend geschlagen haben, wodurch die Trennung in die beiden Halbkantone Baselland und Basel-Stadt erfolgte – als ob wir auch heute noch in dieser Zeit lebten. Mit dieser »Hülftenschanz«-Geschichte brachten sie 2014 sogar die Fusionsprüfungs-initiative zu Fall, welche die Vor- und Nachteile einer möglichen Wieder-vereinigung von Basel-Stadt und Baselland hätte klären wollen, indem sie, also die Vertreter der SVP, das Volk zusätzlich auf diese einschworen; mit Höhenfeuern im ganzen Baselbiet, mit Baselbieter Liedern, die gemeinsam gesungen wurden, und mit Plakaten, auf denen Basel als Halunke dargestellt wurde, der mit einem Hammer aufs Baselbiet einschlug – Vorkommnisse und Zustände, die man nicht glauben würde oder nicht glauben kann, wenn sie nicht doch im Baselbiet tatsächlich so geschehen wären.

Solange sich der Halbkanton Baselland nur von solchen Kräften bestim-men lässt, solange wird es für Basel-Stadt, aber letztlich auch für die gesamte trinationale Agglomeration, sehr schwierig sein, sich mit Baselland zu eini-gen. Das Verhältnis wird auf diese Weise immer irgendwie zerrüttet sein – so, wie es sich die Kräfte einer SVP selbst wünschen. Denn nur mit einem zerrütteten Verhältnis können sie, die Kräfte einer SVP, ja die SVP dann selbst, (vermeintlich) stark bleiben und wichtig sein. Beim Volk, dessen

---

25 Als »Hülftenschanz« wird jener Ort bezeichnet, der sich zwischen Pratteln und Frenkendorf befindet.

sie sich hierfür, ihren eigenen Vorstellungen und Interessen entsprechend, bemächtigen.

Schade, dass Basel in Bezug auf Baselland in seiner Wirkung nicht stärker ist. Schade aber auch, dass sich in Baselland selbst die aufgeschlossenen Kräfte nicht besser zu behaupten verstehen.

Basel, die letzte Sektorenstadt

Der ehemalige Stadtentwickler des Präsidialdepartementes des Kantons Basel-Stadt, Thomas Kessler, bezeichnete Basel mal als »letzte Sektorenstadt Europas, am Rande vieler Gemeinwesen, kommunal bis zur EU«. Damit meinte er Basel als »Gesamtstadt«, die sich über drei Länder (Schweiz, Deutschland und Frankreich) und fünf Kantone (Basel-Stadt, Baselland, Aargau, Solothurn und Jura) erstreckt und gebildet wird von den Rändern dieser verschiedenen Gebietschaften, die sich als Sektoren in Basel als Agglomeration dann treffen.

Somit wird sie, die »Gesamtstadt«, aber zum Zentrum, nämlich zum Zentrum des Dreilands – oder sogar zum Zentrum Europas. Oder zum Zentrum für die Schweiz, um diese mit Europa zu verbinden und auch Europa mit der Schweiz. Als Haupt für die Schweiz und als Herz für Europa. Deshalb hätte Basel »von Natur aus«, als »Prädestination«, die Befähigung oder Bedeutung (oder gar die Pflicht?), die Schweiz und Europa, aber auch Europa selbst, zu vereinen und verbinden. Indem es sich zum Ort für Konferenzen in diesem Sinne macht und sowohl die Schweiz als auch Europa, oder auch Europa allein, zu sich einlädt. Als Stadt, die neben Genf als UNO-Stadt das grösste Konferenzzentrum der Schweiz besitzt – aus diesem Grund wurde Basel auch als Ort für die OSZE-Konferenz von 2014 auserwählt – hätte es bereits die notwendige Infrastruktur. Es ist also verwunderlich, dass Basel nicht mehr in diesem Sinne aus sich macht. Sich selbst damit nicht mehr in den Fokus rückt. Ob es sich dieser, seiner Bedeutung in Bezug auf Europa nicht oder zu wenig bewusst ist? Vielleicht aus Angst vor der grossen SVP, die beinahe die gesamte Schweiz mit ihrer Ideologie »terrorisiert«?

Gerade das Europa-Institut der Universität Basel könnte – oder müsste vielleicht sogar? – in dieser Hinsicht eine besondere Rolle übernehmen. Da es sich ja als Institut für Europa versteht. Auch die Handelskammer beider Basel könnte in dieser Hinsicht vielleicht aktiv werden. Oder vielleicht auch die Basler Regierung?

Basel als Zentrum des Dreilands

Nicht nur seine Bedeutung als Stadt für Europa beziehungsweise als Stadt der Schweiz, die die Schweiz mit Europa und Europa mit der Schweiz verbinden könnte, verdankt Basel seiner Lage im Dreiland, sondern auch, dass es einst zur bedeutendsten Bankenstadt der Schweiz avancierte. Denn so, als Stadt des Dreilands, konnte es nicht nur mit der Schweiz, sondern auch mit dem Elsass und Südbaden Handel treiben – indem es sich zum Zentrum machte. Die Schweizerische Bankiervereinigung, die ihren Sitz in Basel hat, zeugt noch davon, dass Basel (neben Genf) einst wichtigste Bankenstadt der Schweiz war. Vielleicht hat man damals auch aus diesem Grund die BIZ, also die Bank für Internationalen Zahlungsausgleich, eine internationale Organisation des Finanzwesens, neben der UNO, dem CERN und der WTO als vierte internationale Organisation mit Sitz in der Schweiz, in Basel angesiedelt?

Seit Zürich sich zum Zentrum der Schweiz machte, war es auch für Zürich möglich, sich als Bankenstadt zu entwickeln, und zwar so, dass es sogar bedeutendster Bankenplatz der Schweiz wurde – und dadurch Basel in seiner Bedeutung immer mehr ablöste und verdrängte. Auch die damals sehr erfolgreiche Basler Börse konnte es eliminieren, um sich weiter als Banken- und Finanzplatz zu stärken, indem es sie gemeinsam mit ihrer eigenen Börse und der Genfer Börse zur Börse Schweiz in Zürich fusionierte. Und als die in Zürich beheimatete Schweizerische Bankgesellschaft kurz vor dem Kollaps war, gelang ihm sogar der Coup, den in Basel beheimateten und kerngesunden Schweizerischen Bankverein dazu zu bewegen, sich mit der maroden Bankgesellschaft zu vereinen – um dann gleichzeitig den neuen Hauptsitz der Bank, der anfänglich ein Doppelsitz in Basel und Zürich hatte, ganz nach Zürich zu verlegen.

Zürich machte sich wie Basel zum Zentrum, weil es wohl darunter litt, nicht wie Basel generell als Zentrum gegolten zu haben. Auch hier war es Alfred Escher, der diesen für Zürich misslichen Umstand zugunsten Zürichs änderte, und zwar radikal. Indem er die Schweizerische Kreditanstalt begründete, die Eidgenössische Technische Hochschule nach Zürich holte oder den Zürcher Bahnhof zur Drehscheibe entwickelte und die Gotthard-Bahn für Zürich ermöglichte – immer, notabene, mit Hilfe des Bundesrates oder des Bundes in Bern.

Seither scheint das Sich-selbst-zum-Zentrum-oder-Mittelpunkt-Machen eine generelle Fähigkeit Zürichs geworden zu sein. Aber auch das sich Aneignen gesunder (auswärtiger) Firmen, um eigene bankrotte Firmen damit zu retten, und zwar so zu retten, dass sie letztendlich dennoch, obwohl sie bankrott waren, ihren neuen Hauptsitz in Zürich dann erhielten. Ein Phänomen, das keine andere Stadt der Schweiz Zürich nachmacht, weil es nicht üblich ist, dass die in einer neuen Firma aufgegangene bankrotte und somit schwächere Firma den Hauptsitz bestimmt.

Auf diese Weise konnte auch die zürcherische Swissair »gerettet« werden, indem die gesunde Basler Crossair, mit tatkräftiger Unterstützung des Bundesrats und auch den in Zürich ansässigen Schweizer Medien, die den Untergang der Schweizer Wirtschaft verkündeten, wenn nicht Zürich wieder eine eigene Fluggesellschaft erhielte, dazu gedrängt wurde, die neue Schweizer Fluggesellschaft zu werden. Mit Hauptflughafen dann – eben – auch nicht mehr Basel, sondern Zürich.

Mailand und die Lombardei

Hätte die Schweiz 1515 in der Schlacht von Marignano, dem heutigen Melegnano, nicht gegen Frankreich verloren, so wäre heute vielleicht die Lombardei mit Milano ihr südlichster Kanton – und die Schweiz selbst in ihrer Form oder »Gestalt« wie Deutschland mehr nach der Senkrechten und nicht wie Österreich mehr nach der Waagrechten hin orientiert. Und damit wäre Basels Position vielleicht gestärkt. Doch dann wäre wohl auch Mailand als mit Abstand grösste Stadt der Schweiz auch deren wichtigste Wirtschaftsregion.

England im Vergleich zur Schweiz – und sein Brexit

Grossbritannien beziehungsweise das Vereinigte Königreich Grossbritannien und Nordirland besteht nicht nur aus England und somit aus London, sondern neben Wales und Nordirland vor allem auch aus Schottland und aus Edinburgh. Als »Gesamtgebilde« könnte man, wenn man Grossbritannien mit der Schweiz vergleicht, Edinburgh, das wie Basel in der Schweiz »oben«, also im Norden liegt, ebenso als Haupt verstehen – und London, das wie Zürich in der Schweiz auf der Waagrechten (und auch im Osten) liegt, nämlich auf der Waagrechten Nordirland-Wales-England, als deren Kehlkopf.

Dass England mit London den Brexit wünscht, Edinburgh und Schottland dagegen den Verbleib bei der EU, scheint deshalb wie in der Schweiz, die als ein von Zürich bestimmtes Land ebenso mit der EU in dem Sinne nichts zu tun haben will, während sich Basel ein engeres Zusammenarbeiten mit Europa durchaus vorstellen kann, ein expliziter Ausdruck der Waagrechten, also der Waagrechten, auf der sich der Kehlkopf befindet, zu sein. Weil es wohl auch nur diese letztlich ist, die bei einem Land bewirkt, dass es sich vom Ausland abschotten, isolieren und dadurch gewissermassen wieder, wie es selbst meint oder behauptet, in die Hoch-Zeit eines Vergangenen und damit auch in die »Eigenständigkeit« und »Unabhängigkeit« zurückführen will. Denn auch bei anderen Ländern, die eher von der Waagrechten bestimmt sind, ist das der Fall, wie zum Beispiel bei Österreich, das zwar EU-Mitglied ist, aber dennoch von sehr konservativen Kräften geleitet wird.

Diese Betrachtungsweise, die London mit Zürich und Basel mit Edinburgh gleichsetzt, ist auch insofern interessant, als dass sich London gegenüber Edinburgh, so hat man den Eindruck, etwa ähnlich verhält wie Zürich gegenüber Basel, wenn es darum geht, die eigenen Bedürfnisse oder auch Ansprüche in Bezug auf das ganze Land besser oder überhaupt erst einzubringen oder zu behaupten – nämlich abweisend und zum Teil sehr überheblich. Weil diese eigenen Bedürfnisse und Ansprüche den Interessen, die man selbst verfolgt, aber auch der Bedeutung von »Grösse«, die man sich selbst zuordnet und auch für sich selbst verlangt, widerstreben oder sogar, je nachdem, gefährlich werden könnten. Man konnte diese abweisende und überhebliche Haltung Londons gegenüber Schottland beziehungsweise

Edinburgh beispielsweise sehr deutlich wahrnehmen, als sich Theresa May, die Premierministerin Grossbritanniens, nach der Brexit-Abstimmung zu den Absichten Schottlands, in der EU zu verbleiben, äusserte.

Interessant in diesem Zusammenhang ist, dass im 16. Jahrhundert Maria Stuart, die damalige Königin von Schottland, weil sie den Anspruch auf den englischen Königsthron hegte, von Königin Elisabeth I. von England wegen Hochverrats – es wurde ihr eine Beteiligung an einem geplanten Attentat auf Elisabeth I. zum Vorwurf gemacht – angeklagt und dann auf dem Schafott hingerichtet, also geköpft wurde. So versuchte auch Zürich in der Schweiz immer wieder (und auch heute noch, beispielsweise mittels den SBB, die Basel als Bahnverkehrsknoten für die Schweiz gänzlich abhängen oder von Zürich abhängig machen wollen, oder auch mittels der Fluggesellschaft SWISS, die Basel mit seinem Landesflughafen nicht mehr bedient), Basel in seiner Bedeutung und in seinen Ansprüchen zu isolieren und somit zu »köpfen«.

Dass Churchill nach dem Krieg den Weg nach Zürich suchte[26], um an der dortigen Universität einen Vortrag über Europa zu halten, scheint also nicht

---

26 Wie Zürich beinahe sich selbst, obwohl es verglichen mit anderen Städten der Welt wohl eher sehr klein ist, bezeichnete Churchill in seinen Büchern über den Zweiten Weltkrieg London immer als »die grösste Stadt der Welt«. Aus diesem Grund vielleicht heisst auch in Zürich die wichtigste Kirche, auch wenn sie sehr klein ist, »Grossmünster« – und nicht etwa einfach nur Münster. Das »Gross-Sein« oder »Gross-sein-Wollen« scheint es Zürich also schon immer sehr angetan zu haben – was vielleicht auch den wirklichen Grund erklärt, weshalb es die Grösse Basels neben sich nicht aushielt und somit Basel gewissermassen anfing zu bekämpfen. Auch dass Zürich noch in jetziger Zeit eigene Bischofsstadt werden will, weil es nicht erträgt, dem Bistum Chur mit dem kleinen Chur untergeordnet zu sein, könnte in dieselbe Richtung weisen. Oder dass es die Anzahl Raver an seinen Street Parades um das Seebecken mit bis zu einer Million angibt, obwohl das Seebecken von Zürich wohl nicht viel grösser als jenes von Luzern ist – wo haben so viele Menschen dort Platz? –, gehört in dieses Kapitel. (Würde die Zahl der Besucher bei einem Fussballmatch nicht exakt mittels bezahlten Eintritten eruiert werden können, so würde es wohl auch hier die Durchschnittszuschauerzahlen seiner beiden Fussballclubs mit 60'000 oder 80'000 angeben statt mit 6'000 oder 8'000, wie sie effektiv sind – dies im Gegensatz zu Basel, dessen Fussballclub tatsächlich auf einen Wert von 28'000 bis fast 30'000 kommt.)

von ungefähr – auch wenn dieses Ereignis heute nun paradox erscheint oder gar als Ausdruck einer geschichtlichen Ironie, da heute sowohl England mit seinem Brexit als auch Zürich mit seiner ablehnenden Haltung einer SVP jene beiden Protagonisten sind, die nichts mit Europa in dem Sinne zu tun haben wollen. Dies im Gegensatz zu Edinburgh und Basel.

Aus diesem Grund erscheint es auch seltsam, dass die EU beziehungsweise deren Kommission ihren Präsidenten im September 2016 persönlich für einen Vortrag nach Zürich schickte, um das 70-Jahr-Jubiläum dieser Rede Churchills in Zürich zu ehren – abgesehen davon, dass im selben Jahr in Basel ein 500-Jahr-Jubiläum von Erasmus von Rotterdam gefeiert wurde[27], bei dem aber niemand aus der EU in irgendeiner Weise zugegen war.

---

27 Es handelte sich hier jedoch lediglich um das Jubiläum der Erstausgabe des griechischen Neuen Testaments, die Erasmus von Rotterdam in Basel herausgegeben (und Johannes Froben gedruckt) hat.